激活
内部创新

［美］
凯哈·克里彭多夫
（Kaihan Krippendorff）

著
—
吴家喜
译
—

Driving
Innovation
from
Within

A Guide for Internal Entrepreneurs

机械工业出版社
CHINA MACHINE PRESS

图书在版编目（CIP）数据

激活内部创新 /（美）凯哈·克里彭多夫（Kaihan Krippendorff）著；吴家喜译 . —北京：机械工业出版社，2024.2
书名原文：Driving Innovation from Within: A Guide for Internal Entrepreneurs
ISBN 978-7-111-74525-9

Ⅰ. ①激⋯　Ⅱ. ①凯⋯ ②吴⋯　Ⅲ. ①企业创新 – 研究　Ⅳ. ① F273.1

中国国家版本馆 CIP 数据核字（2023）第 248810 号

机械工业出版社（北京市百万庄大街 22 号　邮政编码 100037）
策划编辑：李文静　　　　　　　责任编辑：李文静
责任校对：贾海霞　 刘雅娜　　 责任印制：单爱军
保定市中画美凯印刷有限公司印刷
2024 年 2 月第 1 版第 1 次印刷
170mm×230mm・17 印张・1 插页・187 千字
标准书号：ISBN 978-7-111-74525-9
定价：79.00 元

电话服务　　　　　　　网络服务
客服电话：010-88361066　机　工　官　网：www.cmpbook.com
　　　　　010-88379833　机　工　官　博：weibo.com/cmp1952
　　　　　010-68326294　金　书　网：www.golden-book.com
封底无防伪标均为盗版　机工教育服务网：www.cmpedu.com

献给卢卡斯、凯拉和马卡尔。
愿你们做自己喜欢的事。

　　我在最近的一次会议上无意中听到一句话："今天是你余生中最慢的一天。"随着变革步伐呈指数级加速推进，成熟公司越来越意识到一个现实——规则已经永远改变了。可持续的竞争优势变得越来越短暂，越来越难以实现，也越来越难以维持。与此同时，通过并购实现增长对投资者来说没有什么价值，旧的组织方式正在消失，正式的结构化创新项目，如黑客马拉松、孵化器等，通常只不过是"创新剧场"，对真正的商业几乎没有实际作用。

　　那么，面对这样的现状，应该怎么做呢？

　　凯哈·克里彭多夫的主要洞见是，未来成功的公司正在寻找一种新的竞争方式，即赋能创新增长的真正驱动力——员工。这些公司正在推行创业思维模式，创建平台让员工能自主识别和把握创新机会，从而将规模优势与初创公司的灵活性结合起来。虽然这一度被认为是几乎不可能完成的任务，但从精益方法中诞生的科技巨头们，如谷歌、阿里巴巴和奈飞，都无可辩驳地证明了这不仅可行，而且绝对重要。

在这本书中，克里彭多夫为大公司通过激活内部创新来实现初创公司的增长速度提供了一个简要指南。通过五年的深入研究以及对内部创新者、世界顶尖专家的 150 多次采访，他将当今最重要的策略概念——公司创业、精益创业方法、以人为中心的设计、创业意图、基于敏捷团队的结构、自协调型组织，整合成一个适用框架，来指导公司员工创业。

克里彭多夫在本书中介绍的 IN-OVATE 框架将一系列经过验证的工具和做法整合成了一个容易理解的结构，读者可以立即将其应用到公司中以建立竞争优势。该框架确定了七个最常见的创新障碍，并描述了一种新型组织的轮廓，这种组织能有效释放员工创意的价值。

- 意图（Intent） 将员工转变为内部创业者。
- 需求（Need） 传递关于市场需求的简洁描述。
- 选择（Options） 在走廊而不是董事会会议室里产生颠覆性的商业创意。
- 价值阻碍（Value Blockers） 预测并消除商业模式冲突。
- 行动（Act） 采用行动－学习－构建（而不是证明－计划－执行）的方法。
- 团队（Team） 组建敏捷团队，而不是孤立的层级结构。
- 环境（Environment） 转向开放平台，让员工能汇聚更多资源。

尽管市面上有很多为高层领导提供自上而下应对创新增长挑战观点的书，但克里彭多夫却坚持为员工写作，旨在为读者提供一套有效推动成熟公司内部创新的实用工具。阅读本书后，员工能更好地理解公司的战略，把精力集中于更富潜力的创新"沃土"，了解阻碍他们创新热情的因素，从而开发公司生存所需的改变游戏规则的创意。领导者读完后则能够更全面地了解阻碍内部创业的关键组织因素，包括文化、结构和人才，这样他们就能超越"创新剧场"，专注于真正有效的东西。

作为一名经验丰富的战略顾问和世界一流的转型专家，克里彭多夫是一位权威导师，可引导组织度过这个瞬息万变的时代。虽然我们仍然缺乏一个绝对的、经验证的创新增长系统，但本书提供了我所见过的最全面的路径，它独一无二地把史蒂夫·布兰克（Steve Blank）、乔治·戴伊（George Day）、史蒂夫·丹宁（Steve Denning）、约翰·哈格尔（John Hagel）、亚历克斯·奥斯特瓦尔德（Alex Osterwalder）、我和其他领先思想家的突破性思想整合到了一个框架中，可以轻松激活任何组织。通过IN-OVATE框架，读者将学习如何转变组织心智，摆脱传统思维，挑战过时做法，从而拥抱全新变革，激发颠覆性创意，并最终获得成功。

未来的组织若想赢得持续竞争优势，需要员工打破常规。让本书的作者向你展示如何打造杰作吧。

丽塔·冈瑟·麦格拉思（Rita Gunther McGrath）

客户教给我的东西

我以为自己无所不知。

在超过 15 年的时间里，我职业生涯的关注重点全部都放在了战略和创新的动力上。我举办了大约 1000 场各类企业和行业研讨会，帮助经理们产生创造性的商业创意来推动增长。这些研讨会几乎总能激发很好的创意，让与会者激情澎湃，渴望立即行动起来。

然而，与会者所在的公司却很少按这些创意行事。

我勉强得出结论：在一家成熟公司的官僚体制下产生创新的想法非常艰难，而且成功率很低。即便是出于好意，大型公司似乎也只是简单地建立资源分配结构，这往往会扼杀全新的创意。这似乎进入了一个进退两难的死胡同。

到了 2015 年，我才知道自己错得有多离谱。

我偶然听到美国国家公共广播电台（National Public Radio）的一个节目，讲的是纽约一家领先的出版社正采用一种新方式吸引胸怀抱负的作家。这听起来很熟悉。当听到细节时，我意识到，该创意来自几年前我们组织的一个研讨会。

因此，我兴奋地打电话给我们的客户，问他们能否谈谈是如何做到的。他们说当然可以。于是，我来到麦克米伦出版社儿童和青少年部的办公室，该办公室位于曼哈顿下城历史悠久的熨斗大厦里。

当时我没有意识到（我们通常很少能意识到），那次会见让我走上了一条全新的创新思维之路。

我的收获主要分为两个部分：首先，麦克米伦的故事本身就很了不起，很有启发性；然后，当我开始详细分析为什么麦克米伦会成功时，我发现了一个新的研究方向，它可以揭示更深刻的见解。

麦克米伦故事的主人公吉恩·菲维尔（Jean Feiwel）是《鸡皮疙瘩》（*Goosebumps*）和《保姆俱乐部》（*The Baby-Sitters Club*）等成功剧目的编辑。接下来你会深入了解她，因为她的故事说明了本书提到的所有关键要素。

当吉恩参加我们最初的研讨会时，她提出了一个被她称为"浪漫 2.0"（Romance 2.0）的创意，在她的辛勤工作和不懈努力下，该创意最终变成了名为 Swoon Reads 的新项目。如今 Swoon Reads 已成为领先的众包平台，可帮助没有名气的年轻言情作家完善手稿并找到读者。这在业内媒体中被认为是一个不寻常的例子——一家成熟的出版社引入了通常在硅谷才有的那种创新。

2015 年的某一天，在熨斗大厦的办公室里，吉恩和团队围绕如何将一个创意内核转变为现实列出了一系列步骤。在接下来的章节中，你将会看到这些步骤的具体展开。

然而，那天最令人印象深刻的是我没有听到的东西。

- 我希望听到内部创新团队或卓越中心采纳并孵化了吉恩的创意。如今几乎每家大公司都设立了正式项目来推动创新，但那次并没有听到这方面的内容。
- 我希望听到吉恩的老板、麦克米伦儿童出版集团总裁乔恩·雅戈德（Jon Yaged）为该项目提供了资金支持，但实际上他并未给予支持。
- 我原以为麦克米伦会给吉恩和其他员工额外的时间，就像3M 和谷歌推广的"20% 规则"那样，允许员工拿出一部分时间来推进创新项目，但公司并没有给他们额外的时间。
- 我以为吉恩赢得了某个商业计划竞赛，但事实上并非如此。
- 我以为吉恩会离开公司独自创业。毕竟，当好创意遇到官僚主义时，这不是通常会发生的事情吗？然而，她并没有离开。

在 Swoon Reads 从创意到落地的过程中，没有出现任何创新专家推崇的正式的组织机制或实践。相反，这一过程完全是自发的、自然的、自我引导的，而且基本上没有获得资金或额外的时间支持。这是一份心甘情愿的工作，这是一场由一群充满激情的员工发起的运动，他们看到了一种可能性，并共同努力实现它。

这是如何发生的呢？更重要的是，它能被复制吗？我开始更仔细地研究这个特别的故事，那是我第二部分收获的开始。我总共采访了150 多位专家和内部创新者，试图找到一种方法来确保研讨会上的创意能更多地进入现实世界。然而，访谈过程中的一些发现反而更有意义。

简而言之，我发现：

- 从历史上看，这种自我引导、员工创造的创新之路比我们所了解的要普遍得多。事实上，员工的创新理念比企业家的创新理念对社会的影响更大。
- 当被问到推动内部创新的障碍时，150 名创新者表现出了惊人的一致性，他们列出了同样的七个关键问题。
- 一系列新兴的概念正好能解决这七个障碍，为内部创新者开辟一条道路。
- 关于如何释放内部创新者的潜力，人们知道的远比我意识到的多。

在本书前面的章节中，我将这些发现综合成了一个框架和一套工具，无论行业、特殊技能或职位如何，任何有创意的人都可以使用。我主要为内部创新者而不是领导者写作，除了第 10 章（领导者：如何释放内部创新活力）。

本书采用了写作过程中许多受访者的故事。出于保密原因，我在正文中没有明确访谈对象，也没有在注释中说明或以其他方式标明。

我并非声称通晓一切——事实上，人们一直在开发消除内部创新障碍的新方法，但我确实知道本书介绍的工具是有效果的。有些概念大家可能都很熟悉了。我希望有幸通过努力将它们整合到一个整体框架中，这不仅可以帮助运用该方法的公司创造新的收入，实现新的增长，还可以为我们所有人带来更大的幸福感、成就感和健康。这些充满激情的创新者的确会改变世界。

第1章

我们当中真正的创新者

你一定知道这样的故事。

一个超级聪明的年轻人想出了一个好创意，然后他从大学退学，搬到了美国西海岸。在那里，他与一个小团队——硅谷传说中的"黑客、骗子和潮人"——在车库里研发出一项突破性的创新成果，之后他们成立了一家公司，颠覆了现有市场格局，并实现了发家致富。

还有另一个版本的故事。

一个超级聪明的员工（也许不再是一个年轻人了）提出了一个与

公司核心业务相关的好创意，但没有高管愿意听。于是，她辞去工作，用小额资金成立了一家新公司并获得巨大成功，然后她将公司卖给了原来雇主的竞争对手。

创业的故事天然地、无可避免地令人感动。这些故事反映了人类意志的力量，表达了公众的共同情感，即对美好世界、全新思想、自由生活和自我实现的孜孜以求，以及对创造财富的渴望。

这类故事只有一个问题，就是不真实。

正如创业大师迈克尔·格伯（Michael Gerber）在《创业神话》（E-Myth）这本影响深远的书中所指出的，广受欢迎的创业故事更像神话，而非现实。真实的创新故事并不那么令人兴奋，也不那么吸引人，而且更为复杂，这就是我们不经常讨论它们的原因。

真实的创新之路往往是下面这样的。

1969 年（也就是人类第一次登上月球的那一年）底，埃利奥特·伯曼（Elliott Berman）开始思考未来——不仅是他自己的未来，而且是每个人的未来；不仅是下一年，而且是未来 30 年。

那一年，世界上很多人也对未来感到担忧。在全球通货膨胀加剧、政治动荡，以及种族、社会和经济问题持续紧张的局势下，能源问题成为伯曼思考的主要问题。他认为，到 2000 年，随着电力成本的上涨，我们将不得不考虑使用非化石燃料。于是，他下决心推动替代能源成为现实。

太阳能是一个显而易见的替代能源，但每瓦 100 美元以上的价格太高了。伯曼认为需要找到一种降低成本的方法。虽然伯曼本人是一名科学家，但他知道单靠自己的努力难以做到，因此他组建了一个团队进行研究、实验，寻找解决方案。他们计算出，如果能以某种方式将价格降低至每瓦 20 美元，那么将打开一个巨大的市场，这不仅会创造利润，还将改变世界。

此前，大多数太阳能电池都已在太空中应用，并且需要配置昂贵的材料和布线。伯曼团队根据地球上的不同应用需求，对印刷电路板进行了实验。他们发现，可以用硅将电路板直接粘在太阳能电池的丙烯酸前层上。他们没有采取当时公认的做法——使用单晶硅，而是尝试使用多晶硅；他们没有使用昂贵的定制零部件，而是想办法从电子市场找标准零部件。

伯曼团队的每一项创新都在挑战现行规范，但没有一项看起来特别激进。然而，这些创新加在一起却让伯曼团队把太阳能发电的价格下降到了原来的 1/5，每瓦仅 20 美元。[1]

伯曼掌握创新成果之后，于 1973 年 4 月创立了太阳能电力公司（SPC），着手将他和团队开发的产品商业化。最初他们试图将技术卖给日本夏普电子公司，但双方无法就价格达成共识。因此，SPC 决定自行将创新成果推向市场。SPC 成立第一年，公司商务拓展团队就说服 Tideland Signal 公司使用 SPC 的面板为美国海岸警卫队的导航浮标供电。[2]

之后，他们试图说服 Exxon 公司在墨西哥湾石油生产平台使用 SPC 面板。Exxon 高管说："不用了，谢谢，我们已经有电源了。"为此，伯曼团队飞去探访平台上的工作人员，发现现场情况大不相同。最终，他们说服 Exxon 公司使用 SPC 太阳能电池，自此太阳能电池成为世界各地石油生产平台的标准电源。

通过大幅降低太阳能电池成本，成立公司促进创新商业化，满腔热情推销新产品，伯曼最终推动了太阳能电池发展的重大飞跃。

如果不是他的创业努力，太阳能发电技术可能要比现在落后十年。伯曼拥有超过 13 项太阳能领域的专利和无数研究论文，被誉为太阳能技术最重要的先驱之一。

你可以说埃利奥特·伯曼是 20 世纪 70 年代的埃隆·马斯克，但很多人可能从未听说过他。

这是为什么呢？

因为尽管他的故事在很多方面都令人感觉很熟悉，但有一点却与众不同：伯曼开始从事太阳能电池研发时是 Exxon 的一名员工，他创建的 SPC 公司是 Exxon 的全资子公司。伯曼不是"企业家"（entrepreneur），而是"内部创业家"（intrapreneur）[3]（尽管当时很少有人知道这个词）。最终，伯曼凭借对自己创意的坚定信念，极大改变了自己的处境，而且他没有辞职就做到了。

创新的真谛

正如之前所言，创新和成长是我职业生涯关注的重点。在职业生涯早期，我就认识到自己的使命是"让人们热爱自己的工作"。我相信，拥有创新的自由是热爱工作的主要原因。因此，20 年前，当意识到在一家全球战略咨询公司的工作无法完成这一使命时，我就毅然辞职了。如果要服务那些追求动态增长的组织，如果要帮助个人创造他们喜爱的工作岗位，我就需要尽可能多地了解创新真正的运行方式。

不过，我们应在此先对创新进行定义。创新的概念经常被提及，以至于对究竟何谓创新众说纷纭。在本书中，"创新"特指满足以下三个标准的事物，这也符合大多数关于创新的定义。这些标准包括：

- 新颖性。解决方案、想法、模式、方法、技术、流程等都与过去有很大不同。我们可能会说，任何一项创新都必定令人惊讶。
- 可用性。仅仅令人惊讶是不够的，一个新的创意要成为一项创新，必须被采用或传播。
- 有价值。任何一项创新必须对利益相关者（如客户、投资者、合作伙伴和其他利益相关者）有价值。彼得·德鲁克将创新的定义指向价值，他写道：

> 创新是企业家精神的特定功能，无论是现有企业、公共服务机构的创新实践，还是由个人在家庭厨房发起的创业活动，创新都是企业家创造能创造新财富的资源，或者赋予现有资源更大财富创造潜力的手段。[4]

有了关于创新的定义作为"过滤器"，我准备更深入地探究创新的本质。我想知道吉恩·菲维尔的故事是特例还是常态；我想知道，为了创新，员工是否要像人们普遍认为的那样，也正如我自己所做的那样，需要辞职才能为一名企业家。

在探索的过程中，我找到了一份近期给世界带来巨变的创新清单。几年前，美国公共广播电视的晚间商业新闻报道栏目曾与沃顿商学院合作调查了一个问题："过去 30 年，哪 30 项创新最显著地改变了人们的生活？"[5] 它们询问了来自全美 250 多个市场的观众以及沃顿商学院数字杂志 Knowledge@Wharton 遍布世界各地的读者，请他们提出他们所认为的在过去的 30 年里影响了世界的创新。在收到大约 1200 条意见后，一个由沃顿商学院 8 名专家组成的小组进行了评审，并选出了前 30 项创新，如表 1-1 第一列所示。正如你所看到的，这些创新包括个人电脑、手机、互联网和核磁共振成像等重大创新。

表 1-1　过去 30 年最具变革性的 30 项创新

- 企业家
- 竞争对手
- 学术界和科研机构
- 内部创新者

构思	开发	商业化
开源软件	DNA 测试和测序 / 人类基因组图谱	小额信贷
大型风力涡轮机	液晶显示器	射频识别技术及应用（如快易通）
生物燃料	无创激光 / 机器人手术（腹腔镜）	核磁共振成像
电子商务	手机（个人手持电话）	大型风力涡轮机
无创激光 / 机器人手术（腹腔镜）	微处理器	生物燃料
基于互联网的社交网络	小额信贷	光伏太阳能
转基因植物	射频识别技术及应用（如快易通）	图形用户界面
射频识别技术及应用	光伏太阳能	条形码和扫描仪
互联网、宽带和万维网（浏览器及超文本标记语言）	图形用户界面	自动取款机
电子邮件	条形码和扫描仪	SRAM 闪存
媒体文件压缩（JPEG、MPEG、MP3）	自动取款机	电子商务
血管支架	SRAM 闪存	液晶显示器
艾滋病抗逆转录病毒治疗	电子商务	无创激光 / 机器人手术（腹腔镜）
DNA 测试和测序 / 人类基因组图谱	互联网、宽带和万维网（浏览器及超文本标记语言）	个人电脑（笔记本电脑）
核磁共振成像	电子邮件	光纤

（续）

构思	开发	商业化
光伏太阳能	媒体文件压缩（JPEG、MPEG、MP3）	数码照相/录像
图形用户界面	血管支架	基于互联网的社交网络
条形码和扫描仪	艾滋病抗逆转录病毒治疗	转基因植物
自动取款机	开源软件	互联网、宽带和万维网（浏览器及超文本标记语言）
SRAM 闪存	核磁共振成像	电子邮件
液晶显示器	大型风力涡轮机	媒体文件压缩（JPEG、MPEG、MP3）
个人电脑（笔记本电脑）	生物燃料	血管支架
光纤	个人电脑（笔记本电脑）	艾滋病抗逆转录病毒治疗
数码照相/录像	光纤	开源软件
手机（个人手持电话）	数字照相/录像	DNA 测试和测序/人类基因组图谱
微处理器	基于互联网的社交网络	手机（个人手持电话）
办公软件（电子表格、文字处理软件）	转基因植物	微处理器
发光二极管	办公软件（电子表格、文字处理软件）	办公软件（电子表格、文字处理软件）
全球定位系统	发光二极管	发光二极管
小额信贷	全球定位系统	全球定位系统

　　然后，我和研究助理深入分析了这些创新的历史，特别是跟踪了每个创新都经历过的三个阶段。

- 构思：谁提出了这个创意？
- 开发：谁把创意开发成了有用的东西？
- 商业化：谁把创意推向了市场？

表 1-1 总结了我们的发现。

　　根据喜闻乐见的创业英雄故事，这三个问题的答案是一样的：首先，企业家提出创意；其次，企业家自己开发创意（比如，迈克尔·戴尔在宿舍楼里开发电脑）或与一个小团队（史蒂夫·乔布斯和史蒂夫·沃兹尼亚克（Steve Wozniak）在车库创业）共同开发创意；最后，企业家创办一家公司（戴尔、苹果）将创意商业化。不过，让我们看看实际情况是什么。

问题：谁构思了变革性创意？

回答：员工。

在最具变革性的 30 项创新中，只有 8 项是由企业家最先构思的，其余 22 项是由员工提出的。如果没有员工的创造力，我们就不能在早上拿起手机打电话，也不能连接到互联网或者发电子邮件。如果我们生病了，也不能做核磁共振或者植入血管支架。

问题：谁开发了这个创意？

回答：企业和机构合作开发。

创业英雄故事中关于第二个问题的答案是创业者单独或与小团队一起开发创意。实际上，30 项创新中只有 7 项是这样的。当围绕创意形成一个更大的社区时，大多数变革性创新就会出现。在这个阶段，学术界和科研机构开始发挥主要作用，当创新具有重大社会价值时尤其如此。

例如，在 1973 年的石油危机期间，一位名叫克里斯蒂安·里萨格（Christian Riisager）的丹麦木匠对开发一种能产生充足电力并具有商业价值的大型风车产生了兴趣。他设计了一个可以产生 22～55 千瓦电力的风车。在生产和销售了几台风车之后，他并没有成立一家公司进一步完善设计，以便可以大规模生产。相反，围绕他的创意形成了一个社区。这个名为 Tvind School 的社区由创新者组成，并得到了包括 Vestas、Nordtank、Bonus 以及后来的西门子等其他技术公司的支持。

这种社区开发模式不仅在医疗创新（如核磁共振成像、艾滋病抗逆转录病毒治疗和血管支架）中很普遍，而且在电子邮件、媒体文件压缩和开源软件等许多其他变革性创新中也很常见。创新更多地来自企业和研究机构人员之间的合作，而非特立独行的小团队。

问题：谁把这个创意商业化了？

回答：竞争对手。

事实证明，30 项创新中只有 2 项是由最初的创造者推进规模化的。其中一项由最初的创造者推进的创新——小额信贷，是由创新者本人，也就是来自我母亲的祖国孟加拉国的穆罕默德·尤努斯（Muhammad Yunus）推动的，但这只是因为他无法说服其他组织效仿，只能靠自己努力。他后来因此获得了诺贝尔和平奖。

相反，在 50% 以上（30 项中有 16 项）的创新中，创新者本人失去了控制权。竞争对手接管了创新，然后，通过一场寻求将创新商业化的“玩家之战”持续扩大创新规模。

以意大利制造商 Olivetti 为例，该公司在 20 世纪 60 年代初正努力与制造大型主机的美国大公司竞争。该公司首席执行官罗伯托·奥利维蒂（Roberto Olivetti）提出了一个激进的、看似不可能的创意：制造一台小到可以放在桌面上的电脑。

然后，他把这个创意交给了由皮尔·乔治·佩罗托（Pier Giorgio Perotto）领导的五人设计团队。Olivetti 团队最终实现了一个不可能的目标：设计了一台小到可以放在办公桌上、便宜到个人买得起的电脑。于是，个人电脑就诞生了。

然而，管理层并没有完全了解这个名为 Programma 101 的个人电脑到底是什么，也没有意识到其市场潜力。因此，在1964年世界博览会上，Olivetti 在其展位正前方和中央放置了一个机械计算器，并将 Programma 101 作为正在试验的一个有趣、古怪的东西放在后面的房间里。

不过，当 Olivetti 的一位代表向观众展示 Programma 101 的功能时，大家惊呆了。这个小装置可以执行如行星轨道这样复杂的计算，此前完成如此复杂的计算需要的主机大到可以摆满整个房间。由于市场反响非常热烈，Olivetti 迅速开始将其投入生产。NASA 至少购买了10台机器用于1969年阿波罗11号登月的计算。这家公司当时卖出了4万台机器，每台售价大概相当于今天的2万美元。

规模的双重优势

在公司内部开展创新的优势之一就是，创新活动与创新规模可以相互促进。作为一名创新者，在一个成熟组织中工作可以更快实现创新的规模扩张，而规模的扩张又可以产生更多的创新。让我给大家讲两个故事来说明。

希瑟·戴维斯（Heather Davis）是美国教师保险和养老协会（TIAA）的高级董事总经理，是一位知名的养老基金经理。她帮助建立的价值450亿美元的私募股权基金，是酿酒厂、农场和其他形式农业地产的世界最大的拥有者之一。通过投资农业地产和有利于提高农民生产力的技术，她正在履行一项使命，即帮助预防世界粮食危机。

希瑟甚至利用 TIAA 平台发起社会活动。当许多农场在招聘工人遇到困难时，希瑟专程乘飞机过去了解情况。在一个大苹果园里，她看到工人搬运重物，从事重复性工作。希瑟是一位自闭症患者的母亲，所以她立刻意识到，这样的工作非常适合自闭症患者。她发起了"就业之果"计划，在苹果园和葡萄园等农业场所战略性雇用自闭症患者和其他残疾工人。通过在 TIAA 推动这一对社会和协会皆有利的创新，她迅速扩大了该创新的规模，并获得了巨大影响力，如果单靠她自己可能要经过数年努力才能实现这些。

我分享希瑟的故事是为了说明规模的重要性。初创公司非常年轻、破坏性强、敢于冒险。不过，一旦它们找到了一种可行的商业模式，就会开始通过复制这种模式实现规模扩张。为此，它们变成了自己曾经鄙视的官僚机构，开始缩小任务范围，严格监控任务执行情况，尽量规避风险。随之而来的是，公司的创新活跃程度也下降了。

然而，随着公司的不断成长，有四方面的因素将为内部创新者注入活力，从而让公司获得巨大优势。这些因素包括：

- 拥有创业者难以企及的规模。
- 可以在一个屋檐下获得多种能力，即利用整个公司的技术和专家。
- 可以利用公司拥有的资源（学术界称这些为"闲置资源"）进行投资，而创业者正好需要不断筹集资金。
- 可以分散风险。通过多方下赌注，可以知道有些创业项目会失败，有些会成功，让创新收益可预测。

一位内部创新者这样解释道：

我可以辞职，自己开公司。不过，如果在这里创业，就能立即得到法律和会计等方面的支持，我拥有的是一个已被认可的品牌。当给一个潜在合作伙伴打电话时，可以立即和他见面。如果是在刚起步的初创公司里，我必须打十个电话才有机会见面。

几年前，我去孟加拉国看望母亲，有机会见到了卡马尔·卡迪尔（Kamal Quadir）。他毕业于麻省理工学院，是一名科技型创业者，在孟加拉国创建了一家名为CellBazaar的移动电子商务公司，并迅速扩大业务规模，然后将其出售给了总部位于挪威的电信公司Telenor。

卡马尔的另一个伟大创意是创建一个移动P2P（个人对个人）支付解决方案。尽管当时（2010年）移动P2P在肯尼亚和尼日利亚已经很普及，那边95%以上的成年人使用手机进行交易，但大多数美国消费者几乎从未听说过移动P2P。卡马尔走在了时代的前列。

如果卡马尔走一条典型的创业道路，他会获得资金，开始编写代码，然后创办一家公司。但事实恰恰相反，他看到，如果在一个更大的组织的内部建立业务，可以更快地扩大规模。他把这个创意带到了孟加拉国最大的非政府组织——孟加拉国农村发展委员会（BRAC），该组织还经营着孟加拉国的一家银行（孟加拉国最大的银行之一）。五年内，他通过这一平台接触到了1500万渔民、小企业主和其他使用该平台的人。截至2019年，他持有部分股权的bKash公司已拥有超过3500万用户。

员工的创意往往比创始人的创意更重要

创业神话中的另一个假设是，今天成功的企业完全来自企业家最初的商业理念，比如史蒂夫·乔布斯对精美电脑的设想、英格瓦·坎普拉德（Ingvar Kamprad）对以扁平盒子出售家具的设想、杰夫·贝佐斯（Jeff Bezos）对"万能商店"的设想。

1962 年，物理学家兼历史学家托马斯·库恩（Thomas Kuhn）提出了"科学革命"的理论，认为科学的进步遵循一种模式，即一位开拓者引入一种新的范式，然后其他科学家遵循这种范式来构建细节。[6] 人们通常认为，大公司也遵循类似的模式。

然而，当我们研究是什么让公司变得伟大时，发现这更多取决于创始人是否有能力创建一个系统。在该系统中，员工可以把想法变成现实。那些将公司变成塑造市场的颠覆者的创意，通常在最初创始人提出愿景数年后才出现。

我们来看看宜家的例子。

吉利斯·伦德格伦（Gillis Lundgren）是曾鲜为人知的邮购家具公司宜家的年轻员工。1953 年，他试图运送一张桌子，却发现这张桌子塞不进他小车的后座。他的解决方案是：拆掉桌腿。他的老板英格瓦·坎普拉德立即看到了这个简单想法的价值。[7]

当时，宜家是一家从事目录邮购的公司，主要向瑞典小城阿根纳瑞德的家庭运送家具和其他产品，坎普拉德就是在那里出生的。平板包装和自组装迅速成为宜家的核心业务战略。剩下的故事你都知道了。截至 2015 年，宜家拥有超过 15 万名员工，运营着 29 家门店和配送中心，吸引了 8 亿人在门店购物、25 亿人访问网站，创造了超过 360 亿美元的年收入。[8]

伦德格伦是宜家的第四名员工，为该公司工作了 60 多年。这位前送货司机是一位才华横溢的设计师，坎普拉德对他非常赏识。他最终被任命为设计负责人，为公司实现全球范围内的成功发挥了重要作用。他一共设计了 200 多种宜家产品，并于 2012 年获得瑞典最高创新奖 Tenzing 奖。

宜家的故事很引人注目，但绝非独一无二的。我们在大多数成功的大型公司中可以看到同样的模式。成长不是来自创始人最初的想法，而是源于创始人激发员工创新力的能力。

亚马逊的价值并不来自在线销售，而是源于服务——从视频到物流再到技术。苹果的价值不是来自销售电脑，而是源于 iPhone、iPad 和其他消费者服务。这些创意主要都是由员工提出的。美国发展最快、利润最高的服装零售商之一 Urban Outfitters 的创始人兼首席执行官迪克·海恩（Dick Hayne）告诉我，推动公司发展的创新来自每天都带来新想法的员工。

未来会怎样

我希望已经说服了你，我们对"英雄"式的企业家的喜爱太夸张了，他们在经济格局中的作用也被夸大了。事实上，我们现在知道，内部创新者比企业家对我们生活的影响更大。

然而，当我在研讨会和演讲中阐述这些事实时，经常受到一些人的质疑，他们抗议说我的数据太老了，认为企业家正在引领创新。这些怀疑论者声称，未来将再次属于大胆的企业家。

他们说的对吗？

我需要深入挖掘。因此，在研究团队的大力帮助下，我分析了《福布斯》（Forbes）、《研发》（R&D）杂志以及专门研究企业家的领先机构考夫曼基金会（Kauffman Foundation）等最近发布的创新趋势数据。研究的详细情况，包括研究结果的图表，我放在了附录 A 中。在这里，我先来总结一下。

从某种意义上说，那些坚信未来属于企业家的人持怀疑态度是可以理解的。首先，得益于云计算、3D 打印、按需定制的工人等，创业成本正在下降。这提供了一个公平的环境，让初创公司更容易与大公司竞争。

此外，大公司比以前倒闭得更快、更早。最近一项对超过 3 万家上市公司长达 50 年跨度的研究 [9] 表明，如今的上市公司在 5 年内因破产、并购、清算等退市的概率为 1/3，这是 40 年前的 6 倍。大公司倒闭的时间也更早了，1970 年退市的公司平均寿命 55 年，如今是 31 年。

还有更多的证据。克莱顿·克里斯滕森（Clayton Christensen）的咨询公司 Innosight 开展了一个著名研究，统计进入标准普尔 500 指数（Standard & Poor's 500）榜单的公司能在榜单上待多久。1960 年，这些公司持续占据榜单大约 60 年，如今只能维持大约 15 年。考夫曼基金会研究表明，过去 50 年，《财富》500 强公司维持足够大规模并占据榜单的时间一直在变短。

所有这些事实都助长了这样一种观点：大公司正在倒闭，为小公司留下了接管的空间。这是一个感人的大卫击败歌利亚（弱者击败强者）的故事，但是——这是一个很大的"但是"——它是真的吗？如果这一观点站得住脚，我们应该会看到随着新的初创企业如雨后春笋般出现并从大公司那里抢走利润，创业精神在同步增长。

然而，这并没有发生。

　　考夫曼基金会发现，每 10 万名成年人中创业公司的数量一直在稳步下降。1997 年超过 250 家，尽管 2016 年初创公司数量有所上升，但在过去的 20 年里，这一数量总体持续下滑。[10]

　　如果创业者真的越来越多地成为创新者，那么我们将会看到，年轻公司在高创新力公司榜单上占据首位。然而，这并没有发生。利用《福布斯》2011 ～ 2017 年最具创新力榜单，我们计算了每家公司上榜时的存续年数。如果年轻公司开始取代老牌公司，那么平均存续年数应该下降，但事实并非如此。我们可能认为，像通用电气和强生这样的老牌公司正在被特斯拉或 Spotify 这样的年轻创新公司取代，但数据并不支持这一点。如果说有什么不同的话，那就是最具创新精神的公司正在变得越来越老。

　　然后，我怀疑"公司"是不是一个错误的度量单位。毕竟，规模较小的创业型公司还没有足够规模在任何一年内推出多项创新，所以"最具创新力公司"名单可能会偏向大公司。我又利用《研发》杂志 2013 ～ 2017 年的百强创新名单，研究了创新的频率。如果年轻公司开始在创新上超越老牌公司，我们应该看到榜单上由年轻公司发起的创新越来越常见。然而，我们发现并没有出现这种趋势。

　　当我试图对怀疑论者做出回应时，这一切都在脑海中闪过。我意识到，当我们开始理解创新的各种动力并仔细思考未来会发生什么时，我们首先必须认识到的是，这并非大公司与小公司之间的较量，也不是初创公司与老牌公司之间的比拼，双方都在经受新的冲击，并且还有一些别的因素在起作用。到底是什么在背后驱动我们所目睹的变化呢？一个令人信服的答案就是变革加速度。

数字化和加速度

2017 年，电动汽车制造商特斯拉在其副驾驶侧的安全气囊中发现了一个问题，需要发布召回令。在同样的情况下，大多数汽车公司会给司机发送信件，请他们把汽车送到维修站，并让全国或世界各地的机械师对汽车进行修理。这个过程可能需要一年时间，花费数千万甚至数亿美元。

特斯拉采取了截然不同的路线。它发布了一个软件更新来解决这个问题，整个过程只花费了几千美元（而不是数百万美元）用于编程，并且只花了几秒钟（而不是几个月）就完成了。

我们开始看到类似的在成本和时间上都同样出现了大幅下降的故事，这几乎发生在每个领域：银行、零售、能源、消费品、房地产、农业、时尚、酒店，等等。纵观全局，速度的突然飙升和价值交付成本的下降对现有的大大小小的组织都是一个挑战。

数字化正在改变游戏规则

关于数字化变革影响的研究报告、文章和书籍可以塞满整个图书馆。始于电子商务领域的数字化如今正在重构整个行业。我们以前买一辆车是因为其物理部分（发动机、车轮、底盘），现在购买车的价值中越来越高的部分是软件；我们过去常常购买打字机（键盘、鼓、机箱），但现在主要是购买文字处理软件；我们过去购买的是纸质书，但截至 2016 年，电子书占据了 49% 的市场份额。我们所看到的每一个地方，都在迈向数字化。

为什么数字化如此重要？雷·库兹韦尔（Ray Kurzweil）在

谷歌负责人工智能、机器学习和语言处理方面的工作，他的研究表明，当人工制品数字化时，他所说的"加速回报定律"（Law of Accelerating Returns）就会被激活。[11] 制成品的单位成本性能开始以指数级速度提升。这带来的影响是如此深远，以至于大多数组织都在努力应对。

即将到来的"数字革命"的影响是深远的，在库兹韦尔的书中，或者在他奇点大学的同事萨利姆·伊斯梅尔（Salim Ismail）所著的《指数型组织》[12] 中都对此有详细描述。简单说（或许是过于简单了），他们的观点就是：数字化转型正引领我们进入一个性能成本比呈指数级提升的世界，加快了变革的步伐，挑战着等级组织并将其逼到了极限，因为它们越来越难以跟上变革的步伐。

大幅降低成本

我们在各领域都看到了成本呈指数级下降的迹象。

- 2000 年，第一个人类基因组测序，完成这项工作耗资 27 亿美元。如今，计算和测量技术的进步已将成本降至 1000 美元以下。

- 2018 年圣诞节，我送给儿子的玩具无人机在亚马逊上卖 20 美元，五年前它的价格是 700 美元。

- 1977 年，1000 瓦太阳能的价格是 75 美元，如今仅 75 美分。

- 传统人工假肢的生产成本为 5000 ～ 50 000 美元。如今，像 Po 这样的机构用 3D 打印生产人工假肢，成本约为 1000 美元。

拥抱数字化、轻资产、创意密集型变革的公司从根本上降低了成本，并走上了指数级成本改善的道路。

为什么这一点如此重要？因为这会让竞争对手陷入更加复杂的境地。

未能利用数字化提升加速度、获得低成本优势的公司，将面临沉重负担，即它们必须不断地与复杂性进行斗争。主要有以下两方面原因。

第一，竞争对手行动更快。竞争对手每周调整产品供应、定价、分销和营销信息，而不是每年调整一次。在年初预测竞争对手有什么大动作，或者等到年底再决定如何应对，都已经不现实了。

第二，竞争对手的数量更多。随着产品和服务中信息内容的增加和成本的下降，迈克尔·波特所称的"进入壁垒"也开始下降。公司必须适应变化速度更快、更不可预测的竞争环境，否则就会落后。大多数公司都在挣扎中前行。

问题的关键在于：要想管理好这一切，公司就需要重构。这使得内部创新者成为行动的中心，并拥有无与伦比的机会。

层级制度跟不上步伐

"变革加速度"让传统公司迅速陷入两难困境。大多数的传统公司仍按集中计划经济模式运行：由中央部门决定资本和人才的配置，设定工资，确定企业应为 IT、人力资源或财务等内部支持部门支付多少费用等。当收到新的信息（"数据库工程师的平均工资正在上升"）时，这些传统公司会通过备忘录和会议将信息传递给上级部门，并由上级部门做出决策（"让我们通过在其他地方省钱来提高数据库工程师的工资"），然后执行（设置新的工资级别、加薪、更新招聘材料）。

加里·哈默（Gary Hamel）几十年来一直在研究官僚主义的成本，并得出结论：尽管世界已经发生了巨变，但我们仍然坚持着一种过时的运营模式——官僚主义。如果公司要生存下去，就必须摒弃这种模式。

我们知道集中计划模式对经济发展的影响。我们现在很可能会在公司中看到类似的分化现象：那些适应新模式、放弃集中控制方式的公司将得以生存，适应太慢的公司则面临倒闭的危险。

正如我们将在第 10 章中看到的，答案正在浮现。前瞻性公司正在采用一种新的、更灵活的组织原则。公司正在演变为一个平台，在这个平台上员工可以自由地发现机会，采取行动，并聚集资源去追求机会。换句话说，我们正在进入一个将内部创新者置于创新中心的世界。

结束语

总之，这些数据表明，内部创新者一直是并将继续是创新的关键驱动力量。从手机到互联网，从磁共振成像到血管支架，现代社会在很大程度上都归功于内部创新者的创造力和毅力。此外，所有的证据都表明，内部创新者在塑造未来方面发挥着越来越关键的作用。我们应该赞扬、尊敬、鼓励内部创新者。然而，我们却常常坚信企业家是最重要的创新者的神话。

我们喜欢讲的故事和现实之间的这种脱节是有代价的。一个巨大的代价是员工对工作的疏离。在美国和其他大多数的发达国家，超过 80% 的员工在工作时心不在焉，[13] 这意味着 80% 的员工都是混日子，做一天和尚撞一天钟。

这种疏离每年给美国经济造成约 4500 亿美元的生产力损失。[14] 这比亚马逊、波音、通用电气和谷歌的收入加起来还要多，比所有美国公司每年花在研发上的钱都要多。

这还不是全部。除了造成经济方面的损失外，这也是一个严重的人道主义问题。工作中的疏离感被证明与焦虑、抑郁和家庭关系受损密切相关。

我认为，产生这种疏离的一个主要原因是，大多数员工感到自己的创造力受到了压制。那就难怪这么多人失去了目标感或激情。想象一下，如果能重新点燃激情，我们可以滋养多大的成长空间；如果能够再次唤起使命感，我们的社会能够取得多大的成就。

第2章

六个特质和七大障碍

成功是什么样子的?

看着马克·扎克伯格穿着牛仔裤和灰色T恤大踏步走上舞台,或者杰夫·贝佐斯剃着光头、戴着墨镜出现在面前,人们不禁会认为,顶尖的创新者都有自己的风格,并且他们的形象是内在品质的外在表现,是某种成功的标志。

放轻松。你不必也开始学着穿连帽衫和破洞牛仔裤。要想成为一名成功的内部创新者,你不需要从外表、语言或行动上看起来像一名企业家。事实上，这样做很可能会让你误入歧途。让企业家获得成功的一些品质，实际上可能对内部创新者不利。

与企业家不一样

不要误以为内部创新者只是从别人那里领工资的企业家。与企业家相比，内部创新者所面临的挑战在很多方面是不同的。

- 你有两份工作，而不是一份工作。你十有八九必须在开创新事业的同时继续原有的管理工作。

- 你只有 1 个投资者，而不是 40 个投资者。企业家通常会向 40 个或更多的投资者推销自己的创意，然后才会找到合适的投资者。你只有 1 个投资者——你的雇主，你必须找到适合这个投资者的创意。这意味着你需要花大量的时间去了解你的雇主会支持什么样的创意，从中挑选出最佳创意，然后恰到好处地打动雇主。换句话说，企业家为他们的创意寻找支持者，内部创新者则为他们的支持者寻找创意。

- 企业家通常在从构思创意到将其发展成一项有利可图的业务的全过程中都带头努力，但内部创新者很少从头到尾参与其中。更多的情况是，内部创新者努力工作，然后不用承担责任。企业家跑马拉松；内部创新者可能会在接力赛中跑一段，然后把接力棒传递下去。

- 企业家能迅速推出创意，但难以扩大规模；内部创新者很难推出创意，但可以迅速扩大规模。在大公司中，让一个创意获得批准需要做更多的工作，但一旦付诸实施，它的增长速度会快得多。

那么，关于内部创新者以及使他们成功的品质，我们能说些什么呢？这里有两个问题需要探讨：一是内部创新者的工作是否有一个通用模式，二是内部创新者是否有共同的个人特质。

核心流程

关于第一个问题，本书提出了一个识别内部创新者的核心流程。研究表明，内部创新者首先是善于把握机会的人。他们通过做好以下四件事来抓住机会，如图 2-1 所示。[1]

图 2-1　内部创新流程

- 发现新的机会。
- 评估并选择利用哪些机会。
- 主动采取行动抓住这些机会。
- 在分散的环境中整合资源。也就是说，他们能找到抓住机会所需的资本和人才，并整合这些资源，即便这些资源对他们的创新进程没有直接影响。

在接下来的章节中，你将看到这四个流程要素反复出现。我们观察了到底需要哪些步骤把创意变成现实，了解了许多行业的成功内部创新者故事，发现他们中的每一个人都是基于这个核心流程来开展内部创新的。

不过，我们需要考虑更根本性的问题：什么样的人才能做好这四件事？成功的内部创新者是什么样的？他们的特质可以被学习和模仿吗？

六个重要特质

企业家和内部创新者之间的界限经常模糊，这一点很容易理解。他们确实有一些共同点，但在更多的、更重要的方面他们是不一样的。

传统企业家有三个特质：[2]

- 创新思维：探索新的方法和解决方案，而不是遵循公认的做事方式。
- 市场意识：认真研判外部环境（竞争对手、客户和行业），并努力帮助公司成功。
- 自主性：倾向于在被人告诉要行动之前就行动，即"先行一步"，自觉行动。

简而言之，可以说他们具有创新思维、市场意识和自主性。这听起来像你认识的哪个人吗？

研究表明，内部创新者也具有这三种特质，这或许并不令人意外。但同一组研究也表明，内部创新者还显示出其他三个特质，这些特质使得他们有别于企业家，并拥有独特的能力接受挑战。这三个特质为：

- 精算风险
- 政治敏锐性
- 内在动机

为了增加成功的机会，你需要认真考虑自己能在多大程度上吸纳这些特质。

精算风险

公众普遍认为，创新者是大胆的风险追逐者。在追求新事物的过程中，他们愿意冒着资金、职业或两者兼而有之的风险。这种看法没有错。众所周知，平均而言，企业家的风险承受能力要高得多。埃隆·马斯克在卖掉贝宝（PayPal）后，将他几乎所有的财富都投入了对 SpaceX 的开发。特德·特纳（Ted Turner）在建立媒体帝国时，曾多次赌上自己的公司。我们也因此钦佩他们。

内部创新者的想法则不同。他们看似在进行高风险的赌博，但实际上他们对何时以及如何推动内部创新非常慎重。他们擅长计算风险，然后进行深思熟虑的押注。

要了解这一点，请看看乔治·派恩（George Pyne）。从布朗大学毕业几年后，他在亚特兰大为波特曼（Portman）房地产公司工作。他曾是布朗大学足球队的队长，也是一名常春藤联盟和新英格兰球员。1994 年，当超级碗橄榄球赛在亚特兰大举行时，这位前足球明星看到了一个意想不到的商机。他提出了一个创意，打算把波特曼一处商业地产改造成 NFL（美国职业橄榄球大联盟）球员招待场所。他与 NFL 球员协会达成协议，在超级碗球赛开始前将有 300 名球员和重要人物聚集于此。这是一次巨大的商业成功，他说服波特曼成立了一个名为 AMC Events 的新部门来管理和营销体育相关的资产。

一年后，派恩加入了 AMC Events 的客户之一纳斯卡（NASCAR），并担任业务拓展主管。在那里，他创造了许多商业机会，使纳斯卡以相对较低的风险获得了高收益，其中包括 2004 年赞助 7.5 亿美元的纳斯卡奈克斯泰尔杯系列赛（NASCAR Nextel Cup Series）、2005年 45 亿美元的电视转播权交易，以及对 100 家《财富》500 强公司的投资。他帮助纳斯卡成为美国最知名的体育品牌之一，并为其带来了价值 20 亿美元的授权经营业务。

乔治·派恩认为，他成功的关键是他从自己的导师、IMG 前首席执行官、亿万富翁泰德·福斯特曼（Ted Forstmann）那里学到了一点：精心计算风险非常重要。"泰德告诉我，虽然其他人认为他冒了很大风险，但实际上他很小心避免了风险。他设计的交易可以在下跌时受到保护，上涨时却能获得大笔收益。不管发生什么事，他都有可能赢。直到他完成了对这笔交易的设计，他才会下大的赌注。这就是你需要做的。"[3]

内部创新者对待风险的方式不一样还有另一个原因。即使你愿意承担风险，公司也可能不愿意。因为你是在拿雇主的钱而不是你自己的钱冒险，所以重要的是你公司的风险状况。公司的资金通常来源于更为保守的渠道。股市投资者往往希望获得无风险的增长，他们对风险的厌恶情绪会通过董事影响到公司高管团队和整个组织。（如何理解你所在的公司投资者的风险承受能力将在第 4 章进一步讨论。）

内部创新者如何克服公司内在的风险规避倾向呢？他们可以尝试通过改变公司所有权结构来消除这一倾向。但更为现实也更容易的是，要找到创造性的方法来降低下注的风险。就像乔治·派恩从福斯特曼那里学到的一样，你必须弄清楚如何让上涨空间最大化，同时在下跌时有所保障。

政治敏锐性

请记住，虽然创业者在获得资金之前可能会向平均 40 个投资者兜售自己的创意，但内部创新者实际上只有一个选择——他们的雇主。因此，能否赢得支持与其说取决于你的推销水平，不如说取决于你在进行推销之前为理解和协调各方利益所做的公司政治工作。

在一个对连续创新者的突破性研究中，研究人员雷蒙德·L. 普赖斯（Raymond L. Price）、阿比·格里芬（Abbie Griffin）、布鲁斯·A. 沃亚克（Bruce A. Vojak）、内森·霍夫曼（Nathan Hoffmann）和奥利·比尔贡（Holli Burgon）对近 100 名内部创新者进行了深度访谈。他们发现，将成功的内部创新者与失败的内部创新者区分开来的关键特质是，能否将公司政治挑战视为解决问题过程的一部分。

以下是他们对成功方法的描述：

连续创新者将自己描述为有意识的"过桥"者：从对公司政治抱有阴谋论的幼稚想法，转向愿意发挥才能、创造力和毅力参与公司政治。他们的政治活动通常建基于信任和尊重，这需要通过与公司多层级、跨职能部门人员间的长期协作才能建立起来。然后，他们利用各种政治影响行动促进公司发展。他们积极推动整个公司的人参与进来，并以能让其他人看到创新的价值和益处的方式在公司层面定位产品和项目。接着，他们通过"软影响"和"硬影响"两种方式促进其他人一起行动。政治几乎成为他们工作中自然而然的一部分，这样可以确保创新能进入市场，并完全满足客户的需求。[4]

因此，你的内部创新之旅看起来不像是敲开投资方的大门，而更像是小心翼翼驾驭一个复杂的、相互关联的内部利益相关者网络。耐克数字业务部门 Nike+（这个部门推出的 Nike Fuelband 智能手环证明了可穿戴运动技术的大众市场潜力）的主管霍比·达林（Hoby Darling）这样对我说："当你在一家大公司工作时，需要花很多时间准备好'大炮'，但是，当它们爆炸时，往往伴随着巨大的震动。"[5]

我们将在第 9 章中更深入地探讨这一点，但现在要认识到，作为一个内部创新者，你面临的挑战是要设计一个能够适用于有多个利益相关者且持续演化的系统的解决方案。创新能否成功不仅取决于市场是否接受你的创意，还取决于你能否让创意与内部利益相关者的动机保持一致。

你还必须在不一致的规则体系之间取得平衡：什么是现有政策允许的，什么是对公司最有利的。你将不得不处理独特的伦理难题。[6]可以这样想：如果你正在从事一些有利于公司但要改变现有政策或程序的事，你将如何推进？内部创新者通常不得不跳出现有规范，违反甚至打破规则，但他们很清楚，这样做是为了公司的利益。

内在动机

不断造成压力的原因之一是薪酬问题。内部创新者常常感到沮丧，他们表示，如果他们自己创业并独立推动创新，可能会赚更多的钱。"我很纠结,"一位内部创新者曾告诉我,"因为我曾经是一名企业家,所以我知道如果我自己做这件事,会得到一笔可观的收益。但现在我是公司员工,所以不清楚我的努力是否会得到认可或奖励。我可能会得到奖金或加薪,但这永远无法与我自己创业的收益相提并论。"

不过,当我问他为什么不干脆辞职独自创业时,他坦率承认,这么做会冒相当大的风险。他不想"每晚都吃拉面",也不想让家人的经济安全受到威胁。他做了一个慎重的选择:放弃潜在收益,走一条更可预测的职业道路。他的主管、内部创业部门的负责人说,每当讨论薪酬问题时,他都会提醒内部创新者,"你们所承担的风险远没有自己创业那么大,在这里要做的是打造一个令人激动的职业生涯"。

我们很快会看到,即使是最优秀的内部创新者,他们在前进的每一步都会面临巨大的障碍。这些障碍非常令人受挫,有些人干脆就放弃了。其他人继续前进,找到绕过或穿过这些障碍的方法。那么,是什么让他们坚持下去的呢?

大量的研究表明,这可能有几方面原因。他们可能是因为有机会利用公司的规模并开展一些新业务,然后成为新业务的管理者,从而加速个人职业发展步伐。[7] 他们可能是因为被建立新事业的使命感打动[8],或是想要服务于领导者或组织的更大事业。

内部创新之所以能够坚持,有时是因为以上所有方面,或者多个方面兼而有之。不过,无论潜在动机是什么,所有伟大的内部创新者都充满激情。他们积极主动、独立思考,来推行自己的创意。他们往往服务于更高的目标,甚至可能比他们的 CEO 更伟大。他们似乎理解他们的公司代表的意义,并寻找机会帮助公司在世界上发挥潜力，即使他们周围的人一开始会说不。"我的老板可能不明白"，其中一人告诉我，"但当我知道这是正确的方向时，让领导层看到这种可能性就是我的工作。"

如果我们把这六个特质放在一起，会发现它们正好与内部创新流程相对应。每个特质都有助于你在内部创新之旅中迈出关键一步，如图 2-2 所示。

图 2-2　成功内部创新者的特质

成功的根源

你可能会认为，今天的商业组织清楚地知道，要在全球经济格局中赢得竞争就必须创新，这会让员工更容易追求新的创意。但我逐渐认识到，大多数公司都想让员工更容易创新，实际上却阻碍了创新。如果不有意推动创新，公司就会为创新设置障碍。让我们来看两个结果截然不同的例子。

在我们为一家《财富》500强物流公司举办的一次研讨会上，经理们想出了一个创意——经营一个海港。这样做将充分利用他们的物流专业知识、资产（主要是大型卡车车队）和行业关系。不过，研讨会结束后什么也没发生，这主要是因为一位高管认为，出于安全考虑，美国政府不太可能会允许将海港外包给私营公司。在放弃这个创意大约一年之后，他们曾经看中的港口被外包给了另一家私营公司。

现在，也许港口业务并不是公司应该涉足的业务。但令我沮丧的是，这家公司当时甚至都没有认真考虑过这个想法，也没有打电话询问联邦法规或制定商业计划书。相反，他们选择了放弃这个创意，而这只是因为某位有影响力的人认为不值得这么做。

与此形成鲜明对比的是我另一位客户的例子。她提出了一个公司可能会采纳的新商业战略。这家公司是一家领先的退休基金公司，它虽然为退休人员管理的大部分资产都投资于公共股票和债券，并且必须符合严格的准则，以确保客户不会面临太大风险，但也管理着数百亿美元的自有资产。这些资产可以更富创造性地发挥作用，因此基金经理可以对初创企业、大型私人公司和房地产进行私人投资。

我的客户（出于保密考虑，我叫她海伦）提出了一个创意。由于海伦的雇主在管理更复杂、风险更高的私人投资方面相当内行，所以她建议公司，或许可以开始为其他非退休客户做同样的事。公司可以从大型机构筹集资金，并像管自己的钱一样管理这些资金。这意味着海伦所在的公司将进入由Blackrock或KKR等公司主导的领域——可以肯定这是大胆的一步。

海伦也遇到了物流公司团队曾遇到过的不安，这可能不会令你感到惊讶。但她没有搁置这一创意，而是耐心坚持了几年，一步步地获得政治支持，验证假设，并寻找绕过障碍的方法。慢慢地，公司接受了这个创意。如今，该公司已成为全球最大的资产管理公司之一，截至 2018 年管理资产超过 8000 亿美元。[9]

这两个故事有什么不同呢？当物流公司的团队无法实现自己的创意时，海伦是如何推动自己的创意成为现实的呢？

克服障碍

为了回答上述问题，我开始采访内部创新者，我问他们每个人："根据你的经验，从内部推动创新的最大障碍是什么？"三年后，经过 100 多次采访，我掌握了很多信息。为了更加深入，我又采访了创新专家，了解他们的观点，这些专家包括：巴拉特·阿南德（Bharat Anand）（哈佛大学）、史蒂夫·布兰克、乔治·戴伊（沃顿商学院）、约翰·哈格尔（德勤前沿中心和奇点大学）、加里·哈默（伦敦商学院）、罗杰·马丁（Roger Martin）（多伦多大学罗特曼管理学院）、丽塔·麦格拉思（哥伦比亚大学）。

当我整理完所有的访谈后，发现这些关于障碍的回答可以清楚地分成七类。员工和创新专家都反复提到，这七个障碍是内部创新面临的最常见的挑战。我还意识到，如果我们扭转这七个障碍，看看它们的正面，就会得到解决方案。克服障碍需要特定的技能和个人素质，所有这些都是成功的内部创新者所共有的。

我还认识到一些其他的事情。成功的创新者明白，虽然七个障碍中的任何一个都可能随时出现，但它们通常会有一个自然而然的出现顺序，这个顺序勾勒出了创新的路径。最大程度地识别和控制这一顺序的能力，对最终的成功起着至关重要的作用。

下面的清单反映了最常见的障碍及解决方案的自然顺序。你会看到，我给它们起的名字是一个首字母缩略词（IN-OVATE），希望这样更便于记忆。

- **意图**（Intent）　面对早期的障碍，许多想成为内部创新者的人放弃了他们最初的意图，并最终放弃了寻找创新的机会。成功的创新者会一直保持初心，深入探究，因此更有可能发现创新机会。

- **需求**（Need）　大多数员工不了解公司需要什么样的创新。想不想看一下证据？只有不到55%的中层管理者能够说出公司两个最重要的战略重点。[10] 因此，即使有人受到启发去寻找新创意，也会找错方向，然后提出没有什么战略价值的创意。成功的创新者会花时间了解影响公司的关键市场力量，了解公司关心什么，并感知未满足的客户需求。

- **选择**（Options）　潜在的内部创新者往往会变得沮丧，因为他们过早地专注于几个新创意——或者更糟的是，只专注于一个。更富策略性的做法是不断产生新创意，并像管理投资组合一样管理创意。

- **价值阻碍**（Value Blockers）　人们普遍认为，新的创意与公司当前的商业模式不一致，因此具有破坏性。这样公司内部看起来就会有一些因素阻碍围绕新理念形成合适的新商业模式。成功的创新者会找到巧妙的方法来设计创意，从而提高公司的竞争地位，而不是造成冲突。

- ***行动***（Act）　成熟的公司倾向于要求员工在采取行动之前证

明创意的可行性。这让潜在的内部创新者陷入了致命的"第二十二条军规":他们不能采取行动,因此无法证明他们的创意可行性,因此他们不能采取行动。然而,大多数新创意更适合相反的方法:采取行动来证明创意。成功的创新者会想方设法做到这一点。

- **团队(Team)** 公司往往会由于组织结构特性而阻碍内部创新。它们采用孤立的层级结构,行动缓慢,并且更重视结果而不是学习。成功的内部创新者认识到,追求新创意往往要反其道而行之:他们组建一个跨部门的团队,快速行动,更重视学习而不是结果。

- **环境(Environment)** 获得对新创意的支持在政治上是复杂的,因为有利于成熟公司维持其核心运营的领导行为、人才类型、组织结构和文化规范往往会阻碍内部创新。成功的内部创新者会创建"自由岛",从中获得有利于创新的人才、结构、文化规范和领导支持。

结束语

在接下来的七章中,我将逐一解决这些障碍,并展示如何利用新的策略和方法帮助你克服这些障碍。我的目标是帮助你学会识别你在 IN-OVATE 路径上所处的位置,预测接下来最有可能阻碍你创新的因素,并提供适合的工具,从而加速你的成功之路。这样做不只是为了你,也不只是为了你的公司,而是为了我们所有人。这个世界需要你。

第3章

意图：发现并把握机会

最困难的事是决定采取行动，剩下的只是坚忍不拔。

——阿米莉亚·埃尔哈特

你也许不知道你认识她。不过，如果你或你的孩子曾被《鸡皮疙瘩》吓坏，被《保姆俱乐部》逗乐，或者被《动物变形人》弄得心神不宁，那么你要感谢吉恩·菲维尔。她现在是麦克米伦出版社的高级副总裁，一直在幕后为《哈利·波特》（*Harry Potter*）和《内裤队长》(*Captain Underpants*)打造走向世界的品牌和平台。

然而，与其他许多高产的编辑不同，吉恩的创造力已超出图书出版的范畴，她在职业生涯中一直在挑战传统的出版模式。她最近的一项创新是 Swoon Reads，该平台如今已成为全球领先的众包平台，主要帮助名不见经传的言情作家完善手稿并找到读者。业内媒体称赞这是一个非常罕见的创新案例——一家成熟的出版公司竟然引入了通常只有在硅谷才会出现的创新。美国有线电视新闻网（CNN）称之为"倾听读者需求的新方式"，《出版人周刊》（Publishers Weekly）称之为"开创性的出版模式"，《纽约时报》（New York Times）认为其"颠覆了传统的作品发现流程"。[1]

我选择她的故事来说明 IN-OVATE 模式，是因为这个故事如此充分地代表了成功的内部创新者可能都要遵循的流程。这一创新不是来自研发实验室或企业赞助的创新团队，虽然也以技术为基础，但并非我们常听到的那种技术创业故事，而是诞生于一位令人难以置信的内部创新者的激情之中。她发现了新需求，并凭直觉最终在一家拥有 175 年历史的庞大官僚机构中找到了解决方案。

吉恩出生于一个由教师、设计师和计算机程序员组成的家庭，她在萨拉·劳伦斯学院（Sarah Lawrence College）发现了自己对文学和自由思考的热情。当面试 Avon Books 时，她没有通过打字测试。然而，正如她所说的一样，该公司的老板发现她"有很好的阅读背景，酷爱读书，谈吐睿智"，于是就给了她一个工作机会。她 28 岁时就迅速晋升为高级编辑，并被委派创立儿童图书业务。

不过，她很快就碰到了许多内部创新者所面临的困境。有时，公司领导说想要创新，但实际上他们并不愿意离开现状。于是，吉恩离开 Avon Books，去了美国学者出版社（Scholastic）。

学者出版社为她提供了更多的创新自由。它有兴趣将业务从教科书拓展到服务读书俱乐部的大众书籍。这需要确立一个新的出版节奏，需要打造长篇系列丛书，需要把书和杂志有机结合。吉恩组织策划了一套名为《金妮的保姆生涯》（*Ginnie's Baby-Sitting Business*）的系列书，该系列书在读书俱乐部每年都卖得很好，也成了安·马丁（Ann Martin）的《保姆俱乐部》的灵感来源。

随着她在出版界地位的不断提高，其他出版商开始挖她，希望她像在学者出版社一样为他们创新。在工作了 22 年后，身为行业出版项目设计师的吉恩最终离开了学者出版社，她告诉我这"并不是我自己的选择"。她加入了麦克米伦出版社，这似乎是一个"鼓励企业家精神和创新"的组织。他们没有给她设定目标，而是赋予她创造"更伟大、更奇妙"创新的自由。这样的授权最终为出版界带来了一些全新的东西。

* * *

当看到机会并采取行动时，创新之路就开始了。找到机会并不难，因为机会时刻出现在我们周围。困难之处在于，大多数人没有意识到机会，或者即使意识到了也不采取行动。这可能有很多原因，但最常见的原因是：不知怎么地，他们从未迈出第一步。杰夫·贝佐斯说："发明需要长期忍受误解。"[2] 大多数员工听到"不"的次数超过了他们的承受范围，因此干脆放弃了尝试。

第一个必需品，也是这条道路上的第一步，就是我所说的"意图"。我选择这个词是因为它暗指"创业意图"，这是一个创业理论方面的概念，我将在本章后面提到。我们也可以将它简单地称为"承诺""果断""坚韧""决心"或"毅力"。

走进厨房

凯特·科尔（Kat Cole）是 Focus Brands 的首席运营官兼总裁。该集团拥有众多餐饮品牌，包括 Schlotzsky's、Carvel、Cinnabon、Moe's Southwest Grill、McAlister's Deli 和 Anne Auntie's。在此之前，她是 Cinnabon 的首席执行官，该公司在 48 个国家的 1200 家门店销售烘焙食品。

科尔的职业生涯始于佛罗里达州杰克逊维尔的一家 Hooters 餐厅，她在那里当服务员，为客人提供鸡翅和啤酒。她母亲是一位单亲妈妈，要努力抚养三个孩子，所以凯特不得不全职工作。

她从一名女服务员到首席执行官这一令人印象深刻的升迁，可以追溯到她在 Hooters 工作时发生的一件事。当时，餐厅的厨师们决定罢工，剩下的员工有两种反应：许多员工认为没有食物供应，于是脱下围裙回家了；而科尔和其他几个人走进厨房开始做饭。她在接受 Knowledge@Wharton 采访时说，"你可以立即看到分歧"。[3]

这种出现分歧的时刻正是识别一个人是像内部企业家还是像传统员工一样行事的时候。当面对意想不到的挑战或机会时，你是选择走进厨房还是回家？

不畏老板，服务公司与世界

20 世纪 60 年代初，查克·豪斯（Chuck House）是惠普的一名工程师，负责一个制造大型静电显示器的项目。他向我描述这是一个"连接在电脑上的大电视"。

惠普的老板戴维·帕卡德（David Packard）在参观豪斯的实验室时表示，他一点也不喜欢这个项目，并且明年不想再在实验室看到它。当然，帕卡德的意思是想终止这个项目。不过，豪斯选择了不同的理解，认为该项目不能待在实验室，必须在一年之内上市。

他利用假期将原型样机带给潜在的买家并拿到了订单。老板很生气，说："我应该告诉过你要终止这东西。"豪斯回答说："不，先生，你说的是不想再在实验室里看到它。如今它已不在实验室里，而是在生产中。"

通过做出非传统的选择（也就是说"走进厨房"），豪斯缔造了世界上第一台商用电脑显示器，为新的技术革命奠定了基础。如果豪斯没有做出这一选择，我们就不会看到尼尔·阿姆斯特朗登陆月球。

二十年后，惠普授予豪斯"反抗勋章"，这是"对从事职责范围之外的挑战性工作的认可……查克·豪斯通过一切可用的手段——主要是钢笔、舌头和飞机，来宣扬一个尚未被认可的技术，为开启一个全新的市场播下了种子"。[4]

发现并抓住机会

当我开始深入研究意图如何发挥作用时，我以为道理很简单：一个人看到机会，要么行动，要么不想抓住，让机会溜走。换句话说，一个人要么拥有意图，要么缺乏意图。不过，我发现意图的影响远比想象的要深远得多。

发现机会

在一项有趣的研究中，赫特福德大学的心理学家理查德·怀斯曼（Richard Wiseman）[5]研究了两组人：一组是认为自己幸运的人，另一组是认为自己不幸的人。他要求每个人浏览一份报纸，并说出报纸上有多少张照片。平均而言，认为自己不幸的人花了两分钟来计算，而认为自己幸运的人只花了几秒钟。其中的区别是什么呢？

报纸的第二页上有一条信息："别数了——这张报纸上有 43 张照片。"这条消息占了半页纸，而且是用大号字体写的，因此没有人会漏掉它。然而，认为自己不幸的人往往会忽视这一信息。

怀斯曼通过这项研究以及其他方面的研究，得出了一个结论："幸运的人给自己带来好运主要通过以下四个基本法则：善于创造和发现机会，听从直觉做出恰当决定，进行正向的自我实现预言，依靠坚韧乐观的精神将坏运气转为好运气。"[6]

这就好像幸运的人怀抱寻找好运的意图做事，因此找到了好运气。那些没有这种意图的人，即使机会摆在眼前，也可能看不到。

李·皮尔斯伯里（Lee Pilsbury）具有与生俱来的敏锐意图。刚从康奈尔大学酒店管理专业毕业，他就成了休斯敦一家万豪酒店的助理经理。那时，壳牌公司（Shell）刚把总部从纽约迁至一座新大楼，离皮尔斯伯里所在酒店几个街区远。当见到负责管理搬迁的壳牌高管时，皮尔斯伯里立即发现了一个机会。

他向壳牌公司提供的客房价是每天 24 美元，无论是单人房还是双人房都一样。于是，壳牌公司为员工预订了酒店。他对自己在工作短短几个月后就为公司带来了如此重要的交易感到很自豪，因此当经理说他犯了错误时，皮尔斯伯里感到非常震惊。

经理告诉他，当时万豪酒店的单人房每晚 19 美元，双人房每晚 21 美元。每个门上都有卡片，上面清楚写着每个房间最高价格是 21

美元。他被告知要撤销这笔交易。

不过，皮尔斯伯里并没有撤销交易，而是花了整个周末的时间亲自更换每个门上的卡片。他的老板勉强接受了他的解决方法。皮尔斯伯里的意图让他在万豪内部领导了无数创新，比如晚入住担保和30分钟送餐服务，这推动了他职业生涯的快速发展。后来，皮尔斯伯里成为万豪国际的执行副总裁，并创立了私募股权公司。该公司是全球最大的酒店业私募股权公司之一。[7]

抓住机会

即使意识到一个机会，如果缺乏意图，你也难以继续前进。肖恩·内夫（Shaun Neff）当机立断的决心，促成了世界上最令人兴奋的运动服装品牌的诞生。该品牌在超过45个国家的几千家商店中销售，其合作伙伴名单令人印象深刻，包括迪士尼（Disney）、辛普森一家（The Simpsons）、尼克国际儿童频道（Nickelodeon），以及名人理查德·谢尔曼（Richard Sherman）、史诺普·道格（Snoop Dogg）、电子鼠（deadmau5）、维兹·哈利法（Wiz Khalifa）、迈克·米勒（Mac Miller）、凯特·阿普顿（Kate Upton）和斯嘉丽·约翰逊（Scarlett Johansson）等。就连我家那位12岁的雄心勃勃的滑雪板选手，在滑雪之前也会先戴上内夫便帽。

当肖恩还是杨百翰大学的一年级新生时，他设定了一个目标，即建立一个以滑雪板文化为中心的全球运动服装品牌。他认为，实现这一目标的最佳途径是推广内夫品牌的T恤。他在镇上到处贴标语，背着一包T恤向滑雪板商店的买家展示，并争取当地有影响力的人支持。这些努力让他获得了一些关注，但离他的理想还是很远。

他得出结论，要想让自己的品牌脱颖而出，就需要让全国知名的滑雪板选手穿他的 T 恤。

肖恩结交了许多具有竞争力的滑雪运动员朋友。不过，当他让这些运动员朋友穿他的 T 恤时，一些最成功的运动员拒绝了。尽管他们很乐意帮忙，但因为与其他品牌签订了独家合同而无能为力。

肖恩很沮丧，但他很坚定。有一天，他问几个职业滑雪朋友是否可以让他看看合同。那天晚上，他熬夜研究合同，寻找摆脱困境的办法。突然，他发现所有的合同都没有提到帽子。因此，他在一夜之间决定放弃 T 恤业务，转而创办一家头饰公司。

不过，时间对他非常不利。再过几天就有一场比赛，没有足够时间供他生产自己的品牌头饰。于是他去了一元店，买了几个白色的便帽，用黑色记号笔在上面写了"内夫"。他说服了几个参赛者戴上内夫帽子参加比赛。

比赛结束时，站在领奖台上的两名奖牌得主戴着的"内夫"帽子格外醒目。对肖恩来说，这是一个神奇的时刻。"一片新的天地打开了……我不再是内夫衣服生产商，而是内夫头饰品牌的拥有者。"[8]

在许多伟大创新初露端倪时，你会看到同样的模式重复出现。肯德拉·斯科特（Kendra Scott）开了一家帽子店，但当顾客开始向她购买珠宝而不是帽子时，她决定自己开一家珠宝店。如今，她的公司在美国经营着超过 75 家店铺，市值超过 10 亿美元。[9]惠普的查克·豪斯、Exxon 的埃利奥特·伯曼以及将在后面章节中提到的其他内部创新者都经历了相同的模式。当遇到障碍时，他们坚持自己的意图，发现机会，并迅速采取行动抓住机会。

当你坚持自己的创新意图时，更有可能看到并抓住机会。因此，识别和消除任何可能削弱你意图的因素是至关重要的。如果你觉得你的意图缺乏力量（比如，你想的是"有机会才创新"，而不是"我满怀激情地致力于改变世界"），那么，可能有三类信念在起作用。

意图的三个拦路虎

> 只是站着凝视大海，是没办法横渡大海的。
>
> ——泰戈尔

什么会阻止你迈出通往内部创新之路的第一步呢？是什么阻止了你的员工看到周围的机会并采取行动呢？

有一项研究给出了明确答案。

我的导师和论文顾问艾伦·卡斯路德（Alan Carsrud）、马林·布伦巴克（Malin Brännback）是创业意图这一领域的顶尖专家。创业意图这个话题既有趣又复杂，当然值得深入研究，不过在这里我将尝试总结一些你需要了解的内容。

在识别机会并采取行动来把握机会之前，首先要有意图。让我们再说一遍：意图是第一位的，其他一切都随之而来。如果你曾经发现自己错过了一个本该意识到的机会，或者在你本该采取行动的机会上退缩了，那么可能是因为你内心至少存在以下三种信念之一：一是自己的行动根本不起作用，二是自己做不到，三是社会不接受。

学者们对三种信念给出了稍微正式一点的表述。[10]

- **行为信念** 你是否相信行为会产生一个理想的结果。你可以问自己"这能行吗？"，然后做出肯定或否定回答。

- **控制信念**　你是否相信自己有能力采取行动来达到目标，即你是否可以完成任务，以及你是否拥有必要的自我效能感。[11]你可以问自己"我有能力吗？"，然后给出肯定或否定回答。

- **规范信念**　如果采取必要行动，你认为其他人会如何反应，以及其他人的反应会对你造成多大的影响。你可以问自己："我的同事、朋友或者母亲会怎么说？"

克服障碍的五种方法

我们不再不断质疑和挑战我们的信念，也不愿意以不同方式思考可能机会，而是退回到以前做过的事中去。在一个瞬息万变的世界里，这就是脆弱性的公式。

——约翰·哈格尔三世（John Hagel Ⅲ）

经过与创新团队的多年合作，我逐渐意识到上述框架有多么深刻。这里有一个五步法，已经被证明可以非常有效地消除任何阻碍你或团队成员的信念。

第一步：诊断

首先，确定是什么因素阻止了你采取行动。要做到这一点，可以试着想象把自己放在一部电影中，想象电影的剧情是，你有一个创新的机会，不过最终却决定放弃。也许是你被邀请加入一个新项目的专门团队；也许是你发现了一个未被满足的客户需求，并认为"我们应该做些什么"；也许是你已经提出了一种改进公

司内部流程的新方法。无论是符合你生活的哪种具体的"电影"场景，你都会感受到片刻的兴奋，不过随后你就决定不追求这些可能性。

现在想想，当你决定放弃时，你对自己说了些什么，以及下列哪一组（我从采访中听到的）表述最接近你内心的对话。

行为信念（"这行不通"）：

- 他们永远不会听我的。
- 你不能在公司里创新。
- 我们太固执己见了。
- 我们行动太慢。
- 太难了。
- 不太可能成功。
- 我不能确定它是否有效。

控制信念（"我没有能力"）：

- 我没有能力做到。
- 我不是企业家，我没有创新精神。
- 我知道得还不够多，我缺乏技术知识。
- 我不是那种人。
- 我凭什么认为我能做到这一点？
- 我没有正确的心态。
- 我不是那种愿意冒险的人。

规范信念（"人们不会赞成"）：

- 人们会怎么说呢？

- 我会看起来很奇怪。

- 我的同事或朋友会笑话我。

- 这可能会影响我的职业生涯。

- 如果我失败了会发生什么？

- 这可能会令人尴尬。

- 这不像是我这样的人会做的事。

第二步：愿意选择你的信念

我们听到的一切都只是一种观点，而非事实。我们看到的一切都只是一个视角，而非真相。

——马可·奥勒留

一旦你意识到是哪<u>些</u>类型的无用信念在起作用，就该替换掉它们，这有助于我们认识到信念并非都是真的。信念就是规则，人类用它们来解释过去发生的事，并获得一种可以知道未来会发生什么事的安全感。信念往往看上去非常真实，因为它们可以自我应验。如果你相信某件事是不可能的，你就会尝试它并失败，从而证明它的确不可能。

阿曼达·富赖兰（Amanda Foo-Ryland，原名 Amanda Mortimer）博士是一名绩效教练，在葡萄牙和新西兰工作，她指导世界各地的高管们消除无益的信念——这在神经语言程式学（Neuro Linguistic Programming，NLP）中被称为"限制性信念"。她是

NLP、催眠疗法和时间线疗法方面的专家，多年来一直是我的私人教练之一。她这样说：

首先要确定的是，我们的信念，无论是限制性还是赋能性的，都不是真实的。它们只是我们的想法，只是感觉上像是真实的。其他人有不同的信念，这些信念对他们来说也是真实的。但是所有的信念在客观上都并非真实的。

限制性信念是指限制了你的能力的自我看法，尤其是限制了你充分利用机会的能力。有时，我们会意识到这些消极信念，而有时我们没有意识到，因为这些信念是无意识的。它们的产生可能有根据，也可能毫无根据。然而，限制性信念实际上是心灵的产物。在现实生活中，一个人的成长是没有限制的。只要下定决心，什么事都可以做成。[12]

为了让你不再执着于无用的信念，在接下来的30分钟里，你要去考虑你在第一步中确定的信念可能并非真的。你能找到过去有人证明这个信念不正确的一些例子吗？有人做过与这个信念相悖的事情吗？我们的信念很少能百分之百地正确。

第三步：计算成本

富赖兰博士创建了一个流程，让客户可以解构信念。如果与教练一起进行这个流程会有所帮助，不过你也可以自己进行。这个流程不仅澄清了限制性信念，还摧毁了破坏性的思维模式。她将其称为"夏洛克·福尔摩斯技巧"，因为借此你会成为自己思想的"侦探"——像夏洛克一样密切客观地观察自己。尝试48

个小时，我想你会发现你的行为和结果变得更好了。你所需要的只是一个笔记本，以及一种游戏的感觉。

- 每当你有一个关于采取创新行动的想法时，问问自己："是什么样的自我信念让我会这样想？"注意出现的想法，并写在你的笔记本上。
- 每当你感觉不好的时候，问问自己："是什么样的自我信念让我有这种不好的感觉？"注意出现的想法，并记下来。
- 每次问自己上述任何一个问题时，都要将身体挪离你坐着或站着的地方，在新位置上，再问一次这个问题（是什么样的自我信念让我会这样想，或者，是什么样的自我信念让我有这种不好的感觉）。以一种开玩笑的方式提问，就好像你意外抓住了限制性信念一样。
- 在 48 小时结束时，看看你的清单，就清单上的每一项问自己两个问题：
  ○ 拥有这种信念的代价是什么？
  ○ 未来五年，按照这种信念生活的成本是多少？

在计算"成本"时，要考虑时间和精力的货币价值，并给出一个实际的金钱数。还要考虑情感成本，包括在人际关系、成就感、职业生涯，以及你对世界的影响力方面所付出的代价。

第四步：评估收益

当然，对一个信念的公正评估既包括成本评估，也包括收益评估。问问自己："坚持这个信念对我有什么好处？它能降低风险吗？它有助于避免尴尬吗？"

通常这种收益是你不愿意承认的。例如，如果你受到行为信念（"这行不通"）的限制，你的收益可能是不必承认你只是因为太害怕而不敢尝试。这很普遍，正如著名管理思想家潘卡基·格玛沃特（Pankaj Ghemawat）博士所指出的："'是制度让我这么做的'是当今经理人的完美借口。"如果你受到控制信念（"我没有能力"）的限制，你可能是在避免承担全部责任。如果你受到规范信念（"人们不会赞成"）的限制，你的收益可能是，你可以避免因为在一些别人不敢尝试的事情上取得了成功而遭人嫉妒。

第五步：选择一个新的信念

一旦你发现一个简单的事实——你周围的一切，你称之为生活的一切，都是由不比你聪明的人创造的，你可以改变它们，你可以影响它们，你可以建立自己的东西供别人使用——生活就会变得更加宽广。一旦你明白了这一点，你就再也不会和以前一样了。

——史蒂夫·乔布斯

最后，想想你可以使用的新信念。不必选择一些与你已有的信念在感觉上完全相反的信念。例如，如果你的信念是"我没有需要的东西"，请不要选择"我确实拥有需要的东西"这个信念，而是考虑"我有创新的乐趣""我是一个充满激情的人"或"我渴望对世界产生影响"这些信念。想象一下，如果你遵循这种新的

信念，五年后、十年后，你的生活会是什么样子，你的职业生涯
会是什么样子——你的成就感、你对身边人的影响、你为孩子树
立的榜样、你的客户、你的精神状态、你的健康，等等。

　　运用"夏洛克·福尔摩斯技巧"，"抓住你自己"生活在这个
新的信念中。祝贺你自己。新的信念就像限制性信念一样，运行
得越多就会变得越强大。

　　一旦你选择了一个引领你走向你想要的未来的新信念，你会
发现旧的信念逐渐消退，新的信念开始扎根。你会注意到以前未
看到的机会，采取以前未考虑过的行动。你将胸怀创新的意图和
影响你所关心之事的意图，开始探索世界。

结束语

　　　　我们必须为工作本身而工作，而不是为了财富、关注
　　度或掌声。

　　　　　　　　　　　　　　　——史蒂文·普雷斯菲尔德[13]

　　吉恩在出版界的故事表明，伟大的内部创新者在进入新的环境
时并不满足于仅仅继续把事情做对。他们拥有把事情做得与众不同、
做得更好的意图。他们的创新并非源于灵光一现的洞察力，而是来
自不断寻找和追求新机会的动力。

　　如果这还不能描述你或员工是如何被激活的，那么你可以采取
一些应对措施。实际上，你只需要激活创新的意图。

　　如果没有创新的意图，我们往往会忽视机会，不愿意采取行动

追求机会。如果意图缺失或受限，可能是因为你认为行不通，认为自己没有能力或者不被社会接受。然而，如果你能识别出阻碍你前进的信念，然后解构并替换掉它，你自然会产生创新的意图。你将开始看到新的可能性，并采取行动。

＊　＊　＊

吉恩·菲维尔带着清晰的意图继续前进，开始创造图书出版界从未见过的东西。

第4章

需求：知道去哪里找机会

任何事情都可以做得比现在更好。

——亨利·福特

作为麦克米伦儿童组的编辑，吉恩一部分的工作是招募有前途的作家，不过，这个工作似乎变得更难了。越来越多的作者似乎对自主出版更感兴趣，完全避开了传统出版公司。

有一天，吉恩在《今日美国》（*USA Today*）杂志上看到五本自主出版的书登上了畅销书排行榜。"这是怎么回事？"她想知道，"为什么它们会在名单上？"她读了其中三本，发现"在结构和语法方面有很多问题……但这并不重要"。这些书仍然在销售。

此外，她还发现，旧书又重新出现在畅销书排行榜上。例如，凯瑟琳·伍利（Catherine Woolley）1969 年出版的《金妮的保姆生涯》每隔几年就会登上排行榜，并卖出数十万册。

有些事情正在改变。传统出版商认为图书的高质量和新颖性是市场成功的关键，但越来越多的读者似乎并不关注这些。

当吉恩试图招募几位自主出版的作家时，她惊讶地发现，他们对传统出版并不那么热心。她回想起来一件事，这似乎是一个转折点。她读了一位年轻作家科琳·胡佛（Colleen Hoover）的手稿，这本手稿虽然有点粗糙，但如此原始、如此真实，让人爱不释手。她很想出版这本书。让她感到惊讶的是，科琳回应说："我需要你干什么？"这个问题盘旋在吉恩的脑海里。她问自己："他们为什么需要我们？"

当时，她看到了一个新兴的市场需求，也意识到"系统出问题了，我们需要超越现有系统"。

在一个研讨会上，我第一次见到吉恩和她的团队。我们探讨了一些新兴趋势——数字化、电子书和自主出版，以及它们对出版业的影响。其中，自主出版这一趋势是每个人最关心的问题。当我们15 个人坐在会议桌旁仔细思考这些影响时，我们清楚地意识到，自主出版的增长是一个必然趋势，需要高度关注。更重要的是，需要采取相应行动。

吉恩大脑中的"雷达"嘟嘟作响。一段时间以来，她意识到公司需要解决自主出版的问题；事实上，她的脑子里已经有了初步答案。然而，就在那一刻，一扇大门为她打开了，因为如今整个领导团队都同时有了这样的认识。

＊ ＊ ＊

这对所有人而言都是一个重要的经验：仅仅发现市场需求是不够的，还必须将其与公司战略需求匹配，否则公司不太可能支持。当你了解了公司需要什么，更准确地说，是公司意识到自己需要什么，你才可以更具策略性地集中精力寻找创新。

就像一个醉汉因为停车场有光线而在那里寻找钥匙一样（即使他知道钥匙不可能在那里），我们经常盯着容易寻找的地方，而不是停下来去考虑哪个地方最可能产生公司想要的各种创意。

你不会随便挑选一块地，然后用铲子去挖石油或开采钻石。你会开展一些调查，来确定一个产出概率高的地点。如果在公司认为不重要的领域投入精力寻找创意，也一样是在浪费时间。通过在更"肥沃的土地"上进行搜索，不仅可以找到客户可能想要的创意，还能从中找到公司可能接受的创意，从而显著提高成功的概率。

怎样才能最大限度地找到对公司和市场都有意义的创意呢？如何知道去哪里找到这些创意呢？

知道去哪里找

1959 年，一艘潜艇在佛罗里达海岸外浮出水面，向海岸方向发射了一枚巡航导弹。幸运的是，这不是敌人的袭击——导弹落在杰克逊维尔的一个空军基地，没有造成伤害。

这枚导弹的鼻锥里装的不是武器，而是寄给艾森豪威尔政府官员（包括总统本人及其下属）的 3000 封邮件。这些信件以美国邮政总局局长阿瑟·萨默菲尔德（Arthur Summerfield）的名义发出，向美国政府尤其是海军介绍了第一个官方"导弹邮件"。在信中，萨默菲尔德预言："我们将看到，在人类登上月球之前，导弹邮件会大规模发展。"不过，最终海军认为他的想法是一个公关噱头，成本太高，好处却微不足道。如今，我们登上了月球，但从未收到过导弹邮件。

要习惯这一点：内部创新者的失败率很高。创新咨询公司Strategyn 开展的一项研究发现：平均而言，只有 17% 的创新尝试会获得成功。[1] 每有一项创新被采用，都会有 10 封或更多被拒绝的"导弹邮件"。创业者拥有的优势之一是：如果一个出资人拒绝了他们的想法，他们还有 40 扇门可以敲。不过，对内部创新者而言，他们只有一个机会，因此更要聪明一点。

一位内部创新者这样说："这就像打棒球一样。我了解到，棒球队不仅要观察球员，还要观察裁判。他们研究不同裁判的好球区：有的宽，有的窄，有的高，有的低。如果你想投一个好球，必须知道裁判的好球区在哪里。"同样，在提出一个创意之前，你要知道公司的好球区在哪里。

你的公司会支持什么创意可能不会立刻就能看出来。例如，亚马逊网络服务似乎与亚马逊电子商务的核心业务有很大不同，却得到了公司及其合作伙伴的支持，在短短 8 年内就发展成为一项价值170 亿美元的业务。

或者可以再看一下谷歌的例子。在运营的第三年，谷歌已经成为在线搜索领域的领导者，超过了像雅虎和 Alta Vista 这样的互联网巨头。谷歌本来可以作为领先的搜索提供商一直这样运行下去，但后来谢丽尔·桑德伯格（Sheryl Sandberg）加入了谷歌，她看到了一些不同之处。她几乎立刻明白了谷歌的战略潜力，更重要的是，她知道了实现这一潜力的途径。她自愿带领一个由 4 名员工组成的团队，开发当时被称为 AdWords 的项目——在搜索结果旁边出售小型文本广告。没多久，AdWords 就开始赢利了。

桑德伯格接着开始做一些更大的事情，推出一个新项目 AdSense——直接在外部网站上投放广告，谷歌从销售中获得佣金。把付费广告与搜索结果链接，这改变了谷歌的游戏规则。AdSense 将谷歌定位为在线商务中心，销售收入猛增。随着在线广告收入的增长，谷歌也快速发展。利润的增长促进了新产品的开发，进一步提高了谷歌在线上活动领域的市场份额，从而推动谷歌进入了一个新的增长周期。2001 年，桑德伯格加入谷歌时，公司广告收入为 7000 万美元；到 2008 年她离开谷歌加入脸书（Facebook）时，谷歌的广告收入已增至 210 亿美元。[2]

桑德伯格是如何发现 AdWords 和 AdSense 的战略潜力的呢？她主要通过开展大范围调查，进而看到别人看不到的东西，然后对各种可能情况进行清晰的、战略性的分析。

在麦肯锡，我们把这种做法称为"高层管理视角"（top-management perspective），这意味着你要像首席执行官那样思考。你不仅要了解如何在自己的岗位上取得成功，还要了解为什么你的工作对你的团队很重要、对你所在群体很重要、对你的公司很重要、对整个世界很重要。因为你看到了全貌，所以你可以从最佳位置寻找公司可能接受的创意。研究表明，这样做可以降低创意被拒绝的风险。[3]

我采访的内部创新者和开展的研究提供了大量的建议和框架，来应对从哪里寻找创意的挑战。我总结了一些工具和切入点，可以用来更有策略地指导你进行搜索。

战略金字塔

许多公司把战略设想成一个金字塔。金字塔顶端是战略中很少改变的因素，底部是那些为应对市场变化要经常调整的因素。花点时间去理解公司金字塔的各个层次是值得的。

宗旨或使命

每一个运行良好的公司在金字塔顶端都有总体目标，被称为"核心宗旨"或"使命"。不论公司如何称呼，都定义了公司应该做什么（支持宗旨的事情）以及不应该做什么（不支持宗旨的事情）。

谢丽尔·桑德伯格之所以离开亚马逊加入谷歌，就是因为谷歌的宗旨是"让全世界的信息都可以免费获得"。西南航空的宗旨是"给人们飞行的自由"，亚马逊的宗旨是"成为全球最以客户为中心的公司"，阿里巴巴的宗旨是"让世界没有难做的生意"，强生公司的宗旨是"减轻痛苦"，迪士尼的宗旨是"创造快乐"。[4]

我之所以使用这些核心宗旨的例子，是因为它们很容易理解。不过，情况并非总是如此。根据我的经验，许多公司的宗旨更复杂，或者它们所追求的宗旨不能激励员工和客户。例如，巴诺书店（Barnes & Noble）的宗旨是："不管我们卖的是什么产品，都要经营美国最好的专业零售业务。因为我们销售的产品是书籍，我们的追求必须与书架上书籍的承诺和理想一致。"

无论公司的核心宗旨是什么，都值得作为寻找创意的起点。这里有一些实用的方法来找到公司的使命：

- 查一下公司的年度报告。
- 看看过去的使命是什么，一直追溯到公司创始之初。
- 采访 5 位同事或经理，问他们公司的使命是什么。
- 采访 5 位客户，了解他们在使用产品或服务时希望满足什么需求，以及为什么他们更喜欢你的产品或服务。

长期战略意图

> 从你的未来创造未来，而不是从你的过去创造未来。
>
> ——沃纳·埃哈德

宗旨是你每天都在追求但可能永远无法实现的东西。相反，战略意图是某种愿景，通常是一种总有一天会实现的结果或状态，即使需要很长时间。

例如，截至撰写本书时，思科（Cisco）的愿景是"为数字业务提供一个高度安全、智能的平台"，万事达卡（Mastercard）的愿景是"创造无现金的世界"。这些简洁的声明可能对你来说没有什么即时的价值，但对思科和万事达卡的员工来说却意义重大。

要评估公司的愿景，可以按照与阐明宗旨类似的步骤来做：

- 阅读公司的年度报告。
- 问一下同事和经理，他们认为公司的愿景是什么。
- 旁听季度财报电话会议，看看 CEO 是怎么描述愿景的。

- 询问如果公司在未来5～10年取得成功，世界将成为什么样的状态。

趋势

公司可能会受到众多信号和市场变化的轰炸，因此需要了解这方面的趋势。理想情况下，领导层会对重要趋势形成共识，并描绘一幅潜在的未来图景，展示长期战略意图如何与未来趋势相融合。

例如，微软以这种方式定义关键趋势："我们相信一种新的技术范式正在出现，主要表现为智能云和智能边缘，其中计算是分布式的，人工智能可以洞察需求并代表用户采取行动，用户可以跨越各类设备获取可用的数据和信息。"思科这样描述其关键趋势："随着客户为他们的公司增加了数十亿个新链接，我们相信网络比以往任何时候都更加重要。我们相信客户正在寻找这样的智能网络——能够通过自动化、安全和分析技术提供有意义的商业价值。"

如上述两个例子所示，确定一些特别相关的趋势可以消除混乱。之后，聪明的公司可以在综合这些趋势的基础上，全面了解公司未来面临的竞争态势。

要找出重要的趋势，可以从公司正式的策略声明开始。如果幸运的话，你会发现策略声明清晰地列出了相关趋势。不过，你也可以做以下工作：

- 查找与所在行业相关的会议，并回顾作为议程一部分的分组会议。

- 参加行业会议，听取行业人士的关注重点。
- 搜索对影响所在行业的主要趋势有最新观点的文章，标题可能是"当今影响行业的主要趋势"或其他类似的东西。这样的第三方判断往往比领导层的判断更具洞察力，因为第三方判断通常更客观。每当面向一个新行业准备发表演讲时，我都会这样做。
- 与所在行业其他公司的同事或朋友交谈，问问他们认为什么是重要的。

短期战略目标

长期战略意图是需要较长时间才能实现的愿景，要分阶段或分步骤推进。短期战略意图描述了公司**目前**正在进行的阶段或步骤，它主要回答这样一个问题："我们必须在短期内做到什么程度，才能知道我们正处在实现长期目标的轨道上？"通常，我们希望在 1 ～ 3 年内实现短期目标。

如果仔细阅读公司年度报告、投资者报告和预算报告，可能会发现四类短期目标。

- 财务目标，如"将年收入增长率提高到 10%"或"实现长期债务为零"。
- 客户目标，如"达到 95% 的客户满意度"或"向市场推出 7 种新产品"。
- 运营目标，如"将效率提高 10%"或"提高收购成功率"。

- 组织目标，如"成为更敏捷的组织"或"发展合作文化"。

该框架最早由罗伯特·卡普兰（Robert Kaplan）和大卫·诺顿（David Norton）在 20 世纪 90 年代初提出，目前仍在指导着公司如何设定战略目标。

这些目标可能分散在公司各种内部文档和职能部门中，将这些目标汇总起来可能需要做一些调查工作，不过可以让你深入了解公司的整体运作，公司很少有人有这样的认识。具体要做的主要有以下几方面。

- 请职能领导（如人力资源、IT、运营、销售、营销、区域、品牌部门的领导）分享战略计划。
- 向你的经理咨询战略计划或者是集团或部门的预算。
- 参加市政厅或部门领导分享计划的内部会议或者阅读会议记录。
- 如果有博客，可以通过内部博客搜索相关观点。

战略优先级

公司战略金字塔的下一层"战略优先级"可能是最重要的。这些都是简单的主题，可以阐明公司现在和未来 1 ～ 3 年的重点。这些是公司决定的实现近期目标的最重要的方式。

当我被诊断出高胆固醇时，医生告诉我做两件事：服用红曲米补充剂，并执行一个特定的饮食计划，即"南海滩饮食计划"（South Beach Diet）。该饮食计划会逐一给出简单提示：比如，在第 1 周，绝对不吃碳水化合物。

在旋风式的生活中，每当我感到饿的时候，很容易就会无意识地拿起一个汉堡包来吃。如果医生的提示更复杂一些，我可能还是会像之前一样吃一个汉堡包。不过，因为该计划的提示如此简洁明了（"每天吃红曲米，不吃碳水化合物"），我能够做到不吃汉堡包，或者每天吃药后才离开家。

战略同样如此。为了转化为行动，战略需要足够简洁，才能让人们调整自己的行为。不幸的是，大多数战略都太复杂，以至于很难记住，更别说在工作中执行了。不过，在公司的某些地方，正式或非正式地，都有一系列公司认为重要的优先事项。

例如，万事达卡目前非常清楚自己的优先事项：增长、多样化、建设。在几乎每次财报电话会议上，高管们都会重复同样的话。思科目前的战略是这样表述的："我们的战略重点包括加快创新步伐，提高网络价值，按客户需求提供技术。"

公司的每一个战略优先级都包含许多行动计划。如果把创意和这些优先事项联系起来，那么你的创意就更可能让公司接受。

列出优先级

最后，为了实施战略，公司需要持续出台配套措施，以确保公司拥有战略实施所需的资源、能力和经验。这些措施往往被员工和中层管理者忽视或低估。因此，如果你了解这些措施，并能推陈出新，就有机会脱颖而出。

在学术研究中，有许多分析框架、理论体系和检查清单可以评估任何公司正在联合推进的工作。我们将其中的一部分整理成了一个简单的包含8个方面的清单。

- **关键绩效指标**　公司可能正在调整绩效衡量与管理体系。你如何帮助公司做得更好、更快、更简单？

- **资源**　公司可能正在将资源从一个领域转移到另一个领域。对于推进这种再平衡，你有什么想法？

- **结构**　公司战略实施可能需要调整组织结构——向谁汇报、如何定义团队等。你认为有哪些机会可以改善组织结构？

- **政策和程序**　内部创新者经常将此视为挫折点和机会点。你有什么想法可以改进政策和程序，以便更好实施战略？

- **领导力**　领导团队成员之间的互动方式，以及与领导层和下级之间的互动方式对公司的成功有深远影响。这是一个敏感的领域，不过考虑一下你可以提出哪些委婉的建议，以提高领导团队的战略实施效率。

- **员工和人才**　公司需要雇用和解雇员工，并调整人才渠道。你有什么想法来帮助公司获得所需人才？

- **技能和能力**　当公司战略转变时，通常需要在公司中培养新的技能和能力。你如何帮助公司培养战略所需的技能和能力？

- **文化**　共享的规范、习惯和价值观构成了公司文化。当战略改变时，公司文化也要随之改变。新的战略需要什么样的文化？你有什么办法帮助公司更容易实现这种转变？

一个在红帽公司开启可能性的创意

如果认真开展调查，然后尽可能提出精确的战略蓝图，你就能过上影响公司和世界的成功创新者的生活，而不用在挫折中挣扎。玛丽娜·朱拉欣斯卡娅（Marina Zhurakhinskaya）就是一个典型的例子。

玛丽娜从小就迷上了电脑，她经常去她妈妈的办公室玩电脑游戏，八年级时就加入了编程俱乐部。当她一家从乌克兰移民到美国时，玛丽娜选择了编程作为她的大学专业。她说："这是一个与我能力相匹配的专业，它能够为我提供经济保障，而且不需要精通英语。"[5]

她毕业后的第二份工作是在红帽公司（Red Hat）。这家创新型公司一直是"开源"运动的先驱，基本上是采用社区驱动的方法为企业提供技术。组织和个人可以自由使用和合作研发开源技术。在这样的环境下工作，她可以自由地将自己对编程的热情带到另一个她感兴趣的社区。

玛丽娜是 GNOME 项目的一名开发人员，该项目主要为 GNU 或 Linux 操作系统构建一个易于使用的桌面环境。参与该项目的女性很少，所以当非营利组织 GNOME 基金的董事会想让更多女性参与该项目时，该组织立即联系了她。她说："我热爱我的工作，喜欢与社区心心相印的感觉，开源有一种特别的吸引力，你会觉得自己在为世界做贡献，我希望更多的女性有机会接触它。"

2010 年，玛丽娜开始支持女性与 GNOME 一起申请谷歌的"编程之夏"活动。在该活动中，来自世界各地的大学生可以申请在暑假期间，在开源社区的导师和谷歌的资金支持下，参与开源编码项目。许多男性申请与 GNOME 合作，但很少有女性这么做。尽管玛丽娜付出了很多努力，但是 GNOME 83 名的申请者中只有 6 名女性。

2010 年晚些时候，玛丽娜以真正的"开放组织"风格领导创建了"女性外展项目"，通过提供带薪酬、有导师的实习机会支持女性为 GNOME 做贡献。她建立了一个由 GNOME 贡献者构成的社区，其中许多人来自红帽公司，这些人主要负责给女性提供指导。

玛丽娜发起的项目非常成功，GNOME 基金会将其推广到多个免费和开源的软件社区，为女性、跨性别男性等提供实习机会。这项工作很快超出了 GNOME 基金会的管理范围，被转到软件自由保护协会（Software Freedom Conservancy），该协会为许多免费的开源软件项目提供了一个非营利性的社区以及相关的基础设施。在这一转移过程中，项目更名为 Outreachy，并扩展了业务范围，为来自美国的技术弱势群体，如非裔美国人和拉丁美洲人，提供实习机会。

玛丽娜热衷于进一步扩展该社区，并致力于以其他方式促进开源的多样性和包容性。她想全身心地投入这项工作，但她还要完成在红帽公司一个工程团队中的全职工作。

于是，她开始思考如何将这份激情转化为一份新的全职工作。她希望这个项目成为她的核心工作，而不仅仅是一个副业。要实现这一目标，意味着她要在红帽公司中获取支持，并建立一个新的团队。她把这个想法告诉了公司一位高管，这位高管建议她起草一份提案，简要阐述新角色承担的职责，以及公司可以从中获益的所有方式。

2015 年，她的确这样做了——她认真思考了公司的使命和战略，列出了公司的优先事项、面临的挑战——她的想法能带来的一系列非常明显的益处便呼之欲出了。如果她能正确地规划她的新角色，很明显会对公司的战略成功有很大帮助。

- **宗旨**　她的新角色致力于提高开源社区的多样性，这与红帽公司"成为客户、贡献者和合作伙伴社区的催化剂，以开源方式创造更好的技术"的使命完美匹配。
- **长期目标**　红帽公司正在迅速发展，她的新角色有助于扩大熟悉在开源环境中协同工作的人员规模。因为公司的人可以以员工、协作者、合作伙伴和客户的身份参与到项目中，从而促进开源社区的持续增长。
- **合作计划**　员工参与度是红帽公司合作的关键优先级，该项目可以让"红帽人"有机会通过指导，直接促进开源社区的多元化发展，从而提高红帽员工的参与度和保留率。此外，支持玛丽娜及其他员工参与组织和提供指导，是红帽公司展示其致力于提高开源社区多元化程度和包容性的另一种方式。

领导层很快发现玛丽娜的创意符合公司的战略，他们同意设立一个新职位，让玛丽娜以正式角色继续推动 Outreachy 和其他多元化的、包容性的项目。截至 2018 年 8 月，Outreachy 已支持近 500 名弱势背景的人士获得开源经验，其中近 1/5 的人得到了红帽导师的指导。

更多搜索创意的切入点

除了战略金字塔之外，我采访的内部创新者还强调了有效把握公司战略需求的其他几种切入点：

- 能力
- 战略定位
- 投资者的目标
- 投资回报期
- 市场或用户需求

能力

大多数公司以行业来定义自己。如果公司是卖狗粮的，就会优先考虑狗粮的创意。如果公司是做美容护理的，就会寻找美容的点子。

一个发现创新机会的有效方法就是采用不同的观点。研究表明，如今大多数成功的公司很少用行业来定义自己，而更多以一种独特能力来定义自己，这种能力与行业无关，可以应用于新的领域。事实上，过去十年中许多最具影响力的公司创新都是从这种思维方式中产生的。

- 亚马逊网络服务并不是源自电子商务的创意，而是利用了亚马逊的管理技术。
- 谷歌的 AdSense 不是一个搜索产品，而是利用了谷歌所具备的了解客户在找什么的独特能力，从而帮助广告商。
- 游戏公司 Glitch 将其内部通信工具商业化后推出了团队沟通工具 Slack。截至 2019 年，Slack 的日用户数已超过 800 万人。

在每一个案例中，如果创新者把精力局限在公司所处的行业，就不会做得这么成功。以耐克高管霍比·达林为例，他带领公司开拓了运动鞋以外的领域。

当霍比评估耐克是否拥有领导电子业务的机会时，他本可以不参与。毕竟，耐克以运动鞋和运动服闻名。为什么他会认为耐克可以与电子巨头竞争呢？正如霍比向我解释的那样，他对公司的核心优势有不同看法。他认为，耐克之所以伟大，是因为它拥有理解和满足运动员日常需求的独特能力。

耐克的园区里挤满了顶级运动员，他们来这里尝试公司正在开发的新产品。公司设计师拿着写字板，花很长时间观看运动员打篮球、打网球和进行其他运动，以此来发现未被满足的需求。霍比明白，这种独特的洞察力使耐克自然而然成为可穿戴运动设备的最早创新者之一。

这款设备利润丰厚，在美国预售时曾两次销售一空。事实上，一位消费者在推特上追踪到 Fuelband 的预订时间，称不到 4 分钟库存就没了。尽管耐克最终决定放弃继续推出 Fuelband，但业内人士认为，耐克最初的迅速成功激励了苹果推出 Apple Watch，并让 Fitbit、三星和 Garmin 开始重视可穿戴设备。

忽略所处的行业，把重点放在公司的能力上，你会找到令人兴奋的机会。这些能力可以是有形的（例如，你的公司拥有一种机器，可以生产其他公司不能生产的东西），也可以是无形的（如品牌、知识产权或独特的文化）。无论如何，要让你的创意有价值，你的创意所利用的能力必须要满足以下两个条件：

- 这种能力能够使你在客户或用户真正关心的属性上表现卓越。
- 这种能力很稀缺或难以复制，如果创意成功了，竞争对手很难复制。

> 问问自己：我的公司有哪些独特能力（不是由所处行业定义的），可以用来让一个创意变成现实？

战略定位

每个公司都会逐步选定一个特定的战略方向。虽然公司需要在所有事上都足够好，但为了长期生存，它要在一件事上出类拔萃。迈克尔·特里西（Michael Treacy）和弗雷德·威尔斯马（Fred Wiersema）在 1995 年的畅销书《市场领导学》（*The Discipline of Market Leaders*）中首次提出了这一理念。我们发现该理念非常强大，可以让创新者迅速将有前景的创意与糟糕的创意区分开来。特里西和威尔斯马提出了三类定位（他们称其为准则）[6]，我们想在其中再增加一种。总共有如下四类。

- **产品导向**　如果公司专注于以最优产品取胜，那它就是产品导向的。比如，宝马公司，以制造"终极驾驶机器"闻名；或者三星公司，在产品中迅速增加新功能，让竞争对手很难跟上。产品导向的公司寻求突破产品性能的边界，重视研发，设计师拥有相当大的权力。这些公司鼓励创新，并认同"敢于冒险才能领先"的创新路径。

- **流程导向**　如果公司主要依靠运营的效率和精确性来竞争，那它就是流程导向的。比如，沃尔玛或麦当劳，它们每天都在寻找机会来降低运营成本、减少浪费。这类公司往往具有成本意识，它们建立监测系统，采用严格的质量和成本控制方法，并对员工进行培训，使其尽可能提高效率、节约成本。

- **客户导向**　如果公司主要依靠客户关系参与竞争，或者公司以了解客户团队而自豪，甚至比客户本身还了解客户团队，那么它就是客户导向的。耐克比竞争对手更了解客户，从而赢得了胜利。苹果也是如此。亚马逊同样因更理解客户而取胜，不过它主要是通过数据而不是个人观察来实现的。客户导向的公司，专注于详细了解客户，认为成功依赖于及早预测客户需求，并采用"鼓励深入洞察客户"的业务实践。

- **人本导向**　如果公司主要依靠员工进行竞争，或者重视公司文化和人员招聘，那么它就是人本导向的。美捷步（Zappos）就是一个很好的例子。该公司非常重视文化建设，并以采取独特人才政策而闻名。举个例子，美捷步的员工在被聘用一周后，就可以得到 2000 美元的离职补贴，其理念是，每位员工留在公司都是自愿而非出于义务。在咨询领域，德勤一直被认为是人本导向的领导者，麦肯锡和高盛集团（Goldman Sachs）以能够招募到顶级人才而闻名。人本导向的公司拥有强大的公司文化（这一点使得这些公司对于适合的人是工作的最佳场所，但对不适合的人却是不受欢迎的地方），采用独特的人才政策，并在人才发展上投入大量的资金。

如果你清楚自己所在公司的战略定位，可以将创新搜索集中在与之相关的领域。问问自己：参考过去的成功案例，哪一个战略导向——产品、流程、客户或人本——是成功的核心？

投资者的目标

为了更好地了解公司将支持哪些创意，要站在更高的视角来考虑问题。应该认识到，虽然客户最终决定公司成败，但在短期内，投资者的需求可能更重要。

来自投资者的压力会通过董事会成员传递到领导层，然后再传递给整个团队。你所在公司的 CEO 可能每天都在为投资者会问什么而烦恼。所以，你要像 CEO 一样思考，努力理解投资者的需求，这将帮助你更好地选择你所要追求的创意。一般来说，投资者会有以下几类。

价值型投资者　这类投资者寻求以低于其真正价值（其内在价值）的价格购买公司的股票，他们相信市场最终会认可公司的价值。沃伦·巴菲特是典型的价值型投资者。我们曾与巴菲特创立的伯克希尔·哈撒韦集团（Berkshire Hathaway）旗下的多家公司合作，它们倾向于选择的创意具有以下特点：

- 不涉及重大风险。
- 不承诺巨大的增长潜力。
- 能产生即时现金流。

收益型投资者　这类投资者感兴趣的是现金流，他们更喜欢公司能在年底把剩余现金作为红利给他们，而不是投资于回报不确定且长期的项目。在这样的情况下，你可能会发现公司的领导层会避开那些需要大量前期投资的创意，而倾向于那些能够自己为自己提供资金的创意。提议建新工厂在他们那里是行不通的，相反，要建议外包生产。他们认为，与其自创技术，不如找一个合作伙伴。

成长型投资者 这类投资者与收益型投资者正好相反。他们向公司 CEO 施压，要求他将利润进行再投资，以实现更快的增长。他们希望把赚来的钱都投资于新的增长计划，他们不需要现在的现金，他们想要未来的收益。例如，尽管亚马逊在大部分时间里（直到本书撰写之时）没有创造利润，但公司的投资者几乎并不关心这一点。一个由成长型投资者主导的投资者群体正在寻找会在未来带来收益的创意，即使这个创意可能需要一些前期投资。在一次会议上，我遇见了一个团队，它试图在公司内部开展采矿业务，而该公司对采矿知之甚少。起初，我对这家公司计划建立大规模的采矿业务感到震惊，后来我意识到，该公司的投资者群体要求它证明自己拥有推动未来增长的长期巨大投资机会。

当然，还有其他类型的投资者。纽约人寿（New York Life）是一家互助型的保险公司，这意味着其投保人实际上拥有该公司。因此，根据我的经验，该公司高管和内部创新者一直致力于为投保人提供创新服务。协邦保险公司（Co-Operators）是加拿大的领先保险公司，它是一家合作型公司，因此其创新必须让遍布全国的成员网络受益。户外服装零售商 REI 也是一家合作型公司，为其客户所有，持卡的忠诚会员每年都可以获得红利用于购物。我们的一个客户是一家共益企业（B corporation），这要求它开展把环境和员工置于利润之上的创新。

> 我采访的许多内部创新者都对投资者的目标有一种直觉，并据此来寻找目标创意。以下是他们提供的一些建议，可以帮助你

评估公司的投资者目标。

- 了解你所在的公司的结构是什么样的。例如，它是传统的公司还是合作型的公司？
- 看看哪些投资基金拥有你所在公司的股份，然后研究它们的投资目标。例如，投资基金的名称中可能有"增长""价值"或"收入"等字样。
- 看投资博客，了解投资者是如何评价你的公司的。

投资回报期

你需要了解公司的投资回报期。提前知道公司对未来看得有多远，可以避免以后的巨大痛苦。在研讨会上，我总是问参与者，内部创新最持久的障碍是什么。"短期思维"总是排在前五位。我不是建议你放弃长期追求。但如果你在一开始就知道什么样的投资回报期会让你的领导感到兴奋，你就可以在初期做出一些明智的、战略性的选择。

在为期两天的创新头脑风暴中，30 名经理充满激情地提出了超过 200 个创意，他们准备向高管层推销这些创意。通过一系列的便利贴和活动挂图，与会者提出了七个重要的创意，他们确信这些创意会对公司未来产生重大影响。

然而，当团队以"鲨鱼坦克"⊖的形式提出他们的创意时，执行评委们明显开始不舒服。很快，大家发现，高层领导想要的是能在

⊖ *Shark Tank*，又名"创智赢家"，美国一家电视台的真人秀节目，提供展示发明和获取投资赞助的平台。——译者注

90 天内产生财务收益的创意。如果事先澄清这一点，就可以很容易地避免这个令人沮丧的时刻。

有几种框架可用于区分投资回报期。借鉴我们最喜欢的两个框架——三层面增长理论[7]和三箱解决方案[8]，我们把各种因素集合在一起，提供了四个潜在的投资回报期，你可以在其中寻找不同类型的创意。

- **放弃型**　丢掉不再为公司服务的实践、系统和业务。你的公司可以放弃什么？

- **核心型**　保护和扩展核心业务的创意，包括提高效率、修复中断的流程、改进核心产品、完善政策或增加对现有客户的渗透的创意。你的公司如何加强其核心业务？

- **新颖型**　在核心业务的基础上增加新价值的创意，包括扩展到新的客户群体或地区、为现有技术找到新用途、扩大具有潜在规模的新产品和服务的创意。哪些机会可能产生新的价值？

- **期权型**　创造"期权价值"的创意——这些创意在未来可能有价值，也可能没有，但需要你现在就采取行动。即使其真正的潜力目前还不能准确计算，你的公司现在可以采取什么行动来创造"期权价值"呢？

要评估你所在的公司现在最感兴趣的领域，你可以：
- 收集公司最近发起的计划，并询问其属于哪一类（放弃型、核心型、新颖型或期权型）。

> - 询问经理和高层领导。他们可能已经意识到了公司需要关注的地方。
> - 看看你之前在战略金字塔中确定的战略优先级，这些可能会给你一些线索，告诉你现在什么对公司很重要。

市场或用户需求

　　一项创新要想行之有效，就必须简单明了，目标聚焦。它应该一次只做一件事，否则就会把事情搞糟。如果它不够简单，就无法操作……它应该关注它所满足的特定需求，关注它所产生的特定最终结果。

——彼得·德鲁克[9]

　　这里提供的技巧将帮助你对公司需求进行可靠的评估。当将公司需求与客户或市场的特定需求以及你的关注点结合起来时，你就能发现只有你的公司才能满足的市场需求。Instagram 的联合创始人凯文·斯特罗姆（Kevin Systrom）这样说："创造新事物需要我们退后一步，了解激励我们创新的因素，并将其与世界的需求相匹配。"[10]

　　十年前，了解市场需求要进行广泛的自上而下的市场研究、调查和数据分析。然而，过去十年里出现了一种更加以人为中心的方法。受苹果、艾迪欧（IDEO）和硅谷普遍推广的以人为中心的设计方法（详见第 7 章）的启发，许多公司发现，最重要的洞见来自走出办公室与客户交谈。

　　沃顿商学院的乔治·戴伊指出，领导层与客户之间往往隔着太多的层级，以至于领导层不再了解市场需求。这种脱节为你创造了一个机会，你可以通过自己第一手的市场调查来解决这个问题。

Google X 前负责人汤姆·齐（Tom Chi）主张，在创意闪现的几分钟内就拿起电话与客户交谈。CSAA 的首席创新官德布拉·布拉基恩（Debra Brackeen）强迫员工"走出办公室，与客户交谈，与代理商交谈"。当员工完成市场调研后回来时，她告诉我："他们意识到这个方法具有不可替代的作用。"史蒂夫·布兰克主张"走出办公室"，停止猜测用户（无论这些用户是客户还是公司内部人员）想要什么，与用户交谈，甚至直接观察他们。乔治·戴伊有一个简单的方式：强迫自己与至少两位公司失掉的客户进行深入的对话。

在收集有价值的客户信息方面，谷歌高级用户体验研究员托默·沙伦（Tomer Sharon）拥有十分丰富的经验。他总结了以下七个技巧。

- 在开始访谈前问问自己为什么要进行访谈。你想了解什么？
- 注意所谓的"合理化"现象。当你问人们为什么要做某事时，他们往往会给你一个他们认为社会可以接受的答案，而不是给出他们的真实想法。
- 寻找故事。询问所发生事情的具体情节（例如，"告诉我……发生的时间"），或者更好的方式是去观察人们（"让我看看你是如何查收电子邮件的"）。
- 接着问一些问题，比如"你是什么意思？"或"你说这话时为什么皱着眉头？"
- 不要问关于未来的问题，也不要问"你会用它吗？你愿意付钱吗？你愿意出多少钱？"。

- 不要提出带有你个人观点的诱导性的问题。例如，在"你更喜欢用旧的还是新改进的"这个问题中去掉"改进"这个说法。

- 不要解释问题。提问后就安静下来，让人们记住和思考你提的问题。

结束语

许多潜在的内部创新者因为他们的创意很少被采纳而感到沮丧。不过，这通常是因为他们无法理解公司和市场的真正需求。通过花时间了解公司战略，然后将其与第一手客户研究资料相结合，你可以开发出一系列有望挖掘新创意的地方，这是无与伦比的宝贵创新的源泉。

* * *

吉恩很快就有了将自己的洞见与公司的战略重点联系起来的机会。在我公司所举办的一个研讨会上，她的老板——麦克米伦儿童部门的负责人乔恩·雅戈德，召集了大约 15 名高级管理人员参会。在这一天中，我们通过一个流程明确了他们的业务战略，探讨了新出现的威胁、趋势及长期愿景。在这种情况下，与会者都清醒意识到，如果他们选择采取行动，自主出版将是一个重大的机遇，否则，它就是一个巨大的威胁。

吉恩立即行动起来。

第 5 章

选择：如何产生颠覆性创意

当你只有一个创意时，没有什么比这个创意更危险了。

——埃米尔·沙尔捷

要想有一个好创意，必须先有很多创意。

——爱迪生

在麦克米伦的会议室里，15 名同事围坐在一张桌子旁，吉恩·菲维尔提出了一个创意。大家一致认为，自主出版的发展是大势所趋，而且显然是一个关键的战略重点。然而，他们究竟该如何推动自主出版业务呢？

吉恩·菲维尔认为，Kickstarter 等众筹模式的日益流行，为她实施创意奠定了基础。她建议麦克米伦可以借鉴 Kickstarter 模式，将其提炼并转移到出版领域，就像"《美国偶像》（*American Idol*）遇上出版行业"一样。

她概述了一个名为"浪漫 2.0"计划的大致框架。在这个计划中，麦克米伦会为胸怀抱负的自主出版作者提供一个平台，让他们找到自己的读者，然后让**读者**决定什么书值得出版。她认为，他们应该把这种新模式的重点放在言情类小说上，因为读者特别热衷这类小说，所以更容易建立一个社区。她的团队非常喜欢浪漫 2.0 这一概念。

如今，我们通常会追溯一项创意的源头，往往倾向于认为该创意是创新者唯一的创意。不过，像吉恩·菲维尔这样成功的内部创新者头脑中充满了很多创意。

事实上，产生新创意一直是吉恩工作的核心。她总是从不同概念、不同角度、不同系列构思新书。

"我一直在想，我们需要策划一套狗系列丛书，书中所有的狗都是搜救犬，包括从普通品种到更大品种的狗。不过，Swoon Reads 才是第一个真正意义上的商业创意。我是一个创新者，对于任何新事物都不会置之不理，更不会想方设法阻止创新出现。我对创新拥有一种内在的冲动和信念，对传统做事方式感到厌倦。"她解释道。她知道，由于创新的成功率低，因此需要不断涌现新创意。"你必须每次都证明自己。回答'你最近为我做了什么？'等诸如此类的问题。是的，虽然我现在有了一定信誉，但除非你比较富有，否则无法保证你能成功。"[1]

* * *

你很容易爱上一个令人心动的创意。它可能是你的第一个创意、你最好的创意、你最具革命性的创意、你最愚蠢的创意，也是你最喜欢的一个创意。然而，这也非常危险，还可能弄巧成拙。大多数人太执着于一个伟大的创意，以至于如果失败了，他们就会完全灰心丧气，彻底放弃。然而，现实是，你的许多创意都**会**失败。当你的一个创意失败时，你需要做的是直接转向下一个伟大的创意。成功之路是由多种创意组合铺就的。

在上一章中，我们确定了战略需求领域。现在是时候集思广益，提出令人信服的创意（不止一个）来满足这些需求了。

快速通行证

在主题公园的世界里，格雷格·黑尔（Greg Hale）是一位"摇滚明星"。他之所以闻名遐迩，是因为他推出了近几十年来塑造主题公园业务的最激动人心的创新之一——迪士尼的快速通行证。如今他已是迪士尼全球主题公园业务的首席安全官，也是国际游乐园和景点协会（IAAPA）的主席。

1999 年左右，格雷格将注意力转向了日益增长的需求。随着越来越多的游客涌入迪士尼乐园，排队的队伍越来越长。游客在排队上浪费的时间越来越多，而这些时间本可以用来欣赏公园里的各种表演，可以用来逛商店或去餐馆享用美食——这也意味着迪士尼正在失去这些潜在的收入。

格雷格热衷于尽可能地为客人提供最好的体验，因此他想出了一个主意。如果能为客人提供一种不用亲自到场就能排队的方式呢？如果客人在吃美味的饭菜、购买纪念品或观看表演时可以排队，那会怎么样呢？

因此，格雷格想出了快速通行证的创意，如果你在过去的17年里去过迪士尼乐园，你肯定对它很熟悉。有了这个系统，游客可以在某个景点入口附近的一台机器上扫描门票，然后获得一张指定一小时窗口的门票，他们可以在当天晚些时候返回该景点，届时几乎无须等待即可进入。"我们实际上进入了游乐设施控制系统，实时查看了每个游乐设施的游客容量，我们还有一个计算机系统，它知道这个容量，并为发放的每个快速通行证分配一部分容量。"格雷格在一篇 IAAPA 发布的文章中说："这需要一个非常有才华的团队。"快速通行证于1999年7月1日在"飞越太空山"（Space Mountain）设施上投入使用，并立即获得了成功。"如果客人在晚上7点拿到了快速通行证，他们就不会提前离开，而是会为了快速通行证留下来。"格雷格说，"所以，推广这一技术的需求激增，但我们无法足够快地满足这一需求。"[2]

如今世界各地的每个迪士尼公园都在使用快速通行系统，该系统已成为迪士尼获奖的一个手机应用程序 My Disney Experience 的核心。

如果设立一个名人堂的话，格雷格单凭这一点就可以进入。不过，在格雷格的故事中，人们往往忽视的一点是，快速通行证并不是他唯一的创新，它只是格雷格在其丰富的发明生涯中推出的一系列创新之一。

大约30年前，当格雷格面试迪士尼工程部门的职位时，他是一位充满好奇心的电气工程师，他迫不及待地想看看迪士尼幕后是如何运作的，因此申请了这份工作。他认为即使没有得到这份工作，至少也能获得一次参观后台的机会。

然而，他不仅了解了这个世界上最快乐的地方是如何运转的，还得到了一份监督电气和控制工程部门的工作，这也让他开始探索创新的新路径。他成了迪士尼的"梦幻工程师"，迪士尼有数百名"梦幻工程师"，他们遍布公司各个部门，主要任务是提出创造性的方法来提升业务。这些"梦幻工程师"包括建筑师、插画师、工程师、编剧、灯光设计师和平面设计师。

走进格雷格在奥兰多的办公室，就像走进了一个创新博物馆。他展出了自己创造的许多发明，包括帮助残疾人无障碍参观的设备、员工培训设备和安全设备。截至 2019 年，他已拥有 82 项专利，[3] 包括从"无线触发便携设备的系统和方法"到"活动空间的可配置通信基础设施"等各类发明。[4] 快速通行证并不是格雷格灵光一现的创意，而是建立在他多年来开展的一系列创新的基础上的。

虽然成功的内部创新者可能会因一项创新声名鹊起，但他们的成功通常源于在职业生涯中对创新的不懈追求。残酷的现实是，你的许多创意都不可避免地会失败。通过提出一系列的创意，你成功的机会会更大，因为你开始愿意放弃有缺陷的创意，并且知道自己还会有其他更好的创意。

构建创意组合的框架

只明确需求的策略不是完整的策略，完整的策略还必须满足需求，并且包含满足需求的方法。例如，你可能知道自己需要减肥，但只是每天到处逛逛，想着"我要减掉 10 磅[⊖]"，不太可能达到目

⊖　1 磅 = 0.453 592 37 千克。

标。更好的方法是进行头脑风暴，想出多种减肥方法：少吃，停止吃碳水化合物，每周跑步 3 次，报名参加需打卡的体育课。你可以选择其中的一两个方法先开始，然后，你会清楚现在要追求的目标，也知道如果这些方法无效，你还有大量其他的选择。

离开麦肯锡创办自己的公司后，我的第一个客户是微软。时任微软拉美分部学习和开发主管的香农·沃利斯（Shannon Wallis）满怀信心地邀请我们举办一个策略构想研讨会。从那时起，香农成为我们亲密的朋友和合作者，我们有机会与微软遍布美国、拉丁美洲和亚洲的无数产品团队、销售团队、人力资源和客户服务部门合作。多年来，我们估计接触了大约 2000 人，通过持续的努力，我们总共产生了大约 2 万个有利于公司成长的创意。

目前，我们所播下的创意的“种子”似乎正在“开花结果”，我们很乐意宣称在这方面发挥了一些作用：微软从一个以桌面软件授权为驱动力的公司成长为拥有 LinkedIn、Skype 和 Xbox 的现代技术领导者，它运营着全球三大云软件之一，而且似乎正成为由内部创新者推动的组织。不过，事实上，所有这些策略构想研讨会和 2 万个创意，对我们现在看到的策略行动的产生只是九牛一毛。实现真正的突破所需的创新数量可能比你想象的要多十倍。

过去 15 年举办策略构想研讨会的经验，让我们非常了解如何帮助人们产生大量的策略构想。

要了解如何做到这一点，坚持“对话形成结论之后再制定策略”会有所帮助。你得出的结论很重要，因为这决定了你将采取的行动以及目标的可行性。

你每天都有策略对话——在走廊里、会议前的玩笑中或临时性的电话中。如果你能很好地促进这些对话，就会增加自己产生突破性创意的机会。

这些对话有规律可循，有些会产生平庸的想法，有些则会带来令人兴奋的突破。任何策略讨论最多由五种类型的对话组成：

- 你可能正在讨论希望实现的未来（想象（Imagine））。
- 你可能正在评估要解决的问题（剖析（Dissect））。
- 你可能正在对有哪些可用选项进行集思广益（扩展（Expand））。
- 你可能正在决定采取哪些选择（分析（Analyze））。
- 你可能正在探索如何让创意得到认可（推销（Sell））。

"想象 – 剖析 – 扩展 – 分析 – 推销"可以组成"IDEAS"，我们将这一框架以英文单词的首字母组合来表示，便于记忆和遵循。经验表明，该方法会增加产生真正富有创新性的策略的机会。

过去 15 年，我们促成了数百次策略讨论。我有很多不擅长的地方，但通过不断的实践，我学到了有关指导策略对话的知识。在这里，我将简要介绍前四个步骤——I、D、E 和 A——并将最后一个步骤 S 留到后面的章节再讲。

想象

想要以不同的方式思考一个问题或机会，先确立一个"不可能的"目标会有所帮助。我所说的"不可能的"，是指现有的解决方案无法实现。相比之下，设定"可能的"目标会促进执行层面的对话。也就是说，你已经有了一个可以帮助实现目标的解决方案，最简单的方法是讨论如何将现有解决方案调整得更好一点。

如果你设定的目标是依靠现有的创意无法实现的，那么这就会迫使你和团队开始用不同方式思考。例如，格雷格·黑尔原本可以设定一个缩短迪士尼景点的排队时间的目标，但他也可以想象一个完全不用排队的未来。不过，实现不用排队的目标需要新的思维。

让团队设定不可能实现的目标的有效方法是从未来回溯现在，就像伟大的国际象棋棋手想把对手"将死"，会去回溯下一步要做什么一样。你将团队带入遥远的未来，想象一个理想的结果，然后回溯确定在近期内必须做到的事，从而让你在实现创意的道路上充满自信。可以通过以下五个步骤做到这一点。

- **"一团糟"的局面**　第一步，展望十年后，想象一下那种"一团糟"的局面——如果继续走现在的路，你将会到达的一个令人不快但又现实的未来。迪士尼可能面临这样的"一团糟"的局面："随着迪士尼越来越受欢迎，排队的队伍越来越长，客人开始感到失望，并向朋友抱怨，迪士尼的声誉会越来越差，直到失去作为旅游目的地的吸引力。"

- **长期趋势**　第二步，从现在开始想象未来10年将影响公司经营的趋势。可以思考一下新技术（比如人工智能、增强现实技术）、社会人口变化（比如新一代的用户及需求差异）、宏观经济趋势（比如利率、发展中国家的新兴中产阶级）和监管政策。

- **长期理想**　第三步，设想10年后的理想结果。如果你觉得10年对规划来说太遥远，请注意这恰恰是长期理想如此强大的原因。由于竞争对手不愿意考虑太远，因此从长远来看竞争会减少。杰夫·贝佐斯和埃隆·马斯克都明确强调长期理想是他们思考问题的核心。你希望实现什么？你希望客户（用户）有什么感受？人们会如何评价你？对于迪士尼来说，这可能是"不用排队，游客可以毫不费力进入景点而不必等待"。

- **近期理想**　第四步，在 18 ～ 36 个月内，为了确保我们正走在实现我们的长期理想的道路上，我们现在必须实现什么？既然你已经在情感上让自己和团队致力于长期理想，现在就让大家不要再局限在仅仅讨论似乎可以做哪些事了。你不再问什么是可行的，而是问"我们必须实现什么？"。对迪士尼来说，这可能是"我们已经试用了一种解决方案，试用该方案的景点完全消除了部分游客等待的情况"。

- **策略问题**　第五步，把近期理想转变成一个策略问题。简单地用问句表达，在近期理想的结尾打上一个问号，就能激发好奇心。

剖析

既然已经确定了一个看似不可能的策略问题，你和团队自然会开始寻找答案。提醒一句：大家都倾向于在显而易见之处寻找。营销人员自然会关注营销理念，销售人员会关注新的销售策略，工程师会关注新的产品特性。

为了创造更多别人从未想到过的创新机会，看看别人从未想到过的地方会有所帮助。以诺贝尔和平奖得主穆罕默德·尤努斯为例，他和我的母亲都离开孟加拉国到美国求学，都是 1971 年孟加拉国自由运动的积极分子。后来，他成为吉大港学院的副教授，引入了一项改变世界上数百万穷人生活的创新——小额信贷。

当我采访尤努斯时，我问他是如何构思出一个战胜贫困的策略的。尽管经过了几个世纪的努力，但以前从没有人想到过这个策略。他通过观察人们不太关注之处做到了这一点。尤努斯指出，大多数扶贫工作都集中在创造就业机会上，但大多数穷人都有工作，至少在孟加拉国是这样的。事实上，大多数穷人经常身兼数职。他们的问题是，所从事的工作没办法获得可持续的收入。因此，他决定从另一个角度解决贫困问题，也就是融资。经营小规模企业可以提高家庭收入，但穷人往往无法获得传统贷款去创业。这让他们只剩下两个糟糕的选择：要么以过高的利率借高利贷，要么放弃这个想法。尤努斯的解决方案是一种新的金融工具——众所周知的小额信贷，这让那些未来的企业家（其中许多是女性）能够以合理的利率获得小额贷款。凭借这样一个简单的创意，尤努斯为数百万人打破了贫困的恶性循环。

埃隆·马斯克也是从另一个方向解决了能源问题。尽管目前大多数的精力和投资都集中在推进太阳能、风能和水力发电等绿色能源供应上，但马斯克决定将重点放在需求上：让汽车摆脱只能使用汽油的束缚，开始使用电力，从根本上拓展对各类能源的需求。例如，太阳能发电厂可以为日益增多的汽车提供能源。他的太阳城（Solar City）项目就试图对家庭能耗方面产生类似的影响。

> 这里有一个公式：在确定解决方案之前，首先将问题分解成几个部分，评估大多数人正在处理哪些部分，然后关注被忽略的发力点。

扩展

现在你可以开始通过头脑风暴提出解决方案了。你想出的创意越多，找到真正的创新想法的机会就越大。

过去二十年，我一直在研究人类产生创意的过程。多个研究机构都得出了相同的答案。我们并不是通过一些幸运的随机机会或者逻辑产生创意，而是通过运用模式或我所称的"战略叙述"来产生创新想法。如果你在上一章（需求：知道去哪里找机会）中确定了一个问题领域，并运用了多种模式，你必定会看到不常见的解决方案。

> 为了弄清有哪些创新"模式"，我回顾了过去成功的内部创新，并将它们分组，发现共有七种模式是有希望找到创新想法的途径。
>
> - **小规模前进。** 与其设想大规模创新，不如找出客户或用户体验中看似很小的痛点。有时，这是他们已经接受的"事情就是这样"的痛点。例如，迪士尼的格雷格·黑尔就解决了游客不得不排长队的问题。有时是对人们已经用一个变通方法解决的痛点，你可以提出一个永久解决方案。例如，我们在第 1 章中介绍的宜家员工，一开始是通过移除桌腿来帮助客户把桌子装进汽车，然后提出了一种新的经

营方式——将所有家具装在扁平包装箱中销售。**什么样的痛点可以转化为创新呢？**

- **将内部能力转化为业务。**安迪·贾西说服亚马逊将其内部管理技术的能力转变为一种服务管理技术，为其他零售商并最终为任何类型的公司服务。由此产生的亚马逊网络服务发展成为价值170亿美元的业务。**你能将什么样的内部能力转变为一项业务？**

- **做好事。**致力于解决社会问题是许多内部创新的灵感来源。还记得希瑟·戴维斯吗？她的"就业之果"计划帮助自闭症患者在解决就业问题的同时找到有意义的工作。还记得红帽公司的玛丽娜·朱拉欣斯卡娅吗？她将赋予更多女性程序员权力的需求变成了一个正在进行的项目。鲁斯·贡（Russ Gong）是德勤的一名顾问，他希望为初级顾问创造机会，让他们获得更多国际经验。因此，他说服公司推出一项轮岗计划，为咨询师提供在发展中国家执教的机会。**你如何通过在世界上做好事来创新呢？**

- **找到一条非传统的路径。**我们经常习惯于用一种方式传递价值，而忽视了通过不同途径传递价值的机会。例如，要体验卢浮宫博物馆，只能去其位于巴黎的地标性博物馆，但这限制了市场空间，只能吸引到愿意和能够去法国旅游的游客。如今，卢浮宫博物馆与阿布扎比政府合作，通过特许经营模式在中东开设了一家博物馆。**我们已经接受的显而易见的路径是什么？我们有没有想到什么意想不到的**

新路径？

- **利用被放弃的创意**。你的公司有一个堆满了失败创意的"垃圾场"，你可以从中挑选创意，并以新的方式加以利用。3M 便利贴诞生于阿瑟·弗里（Arthur Fry）的洞见：发明超强力黏合剂的失败却创造了一种可以暂时粘在纸上的便条。我们在第 3 章中讲到的惠普工程师查克·豪斯将一项本将被抛弃的技术转变成了一条具有转型意义的新业务线。**哪些被抛弃的东西可以重新利用？**

- **配置不协调的东西**。爱彼迎（Airbnb）和优步（Uber）等模式的增长表明，我们现在可以配置以前需要控制权的东西（空房间、私人汽车）。你不再需要像酒店一样为了出租房间而拥有房间，或者像出租车公司一样为提供乘车服务而拥有汽车。卡门·梅迪纳（Carmen Medina）是美国中央情报局的一名分析师，他在"9·11"事件后说服联邦机构协调建立一种跨机构的维基共享信息新方法。[5] **你希望配置哪些不协调的东西？**

- **为"超级用户"服务**。我们通常会专注于代表市场最大份额的客户群体。但在外围，你会发现"超级用户"正试图以新的方式使用你的产品或服务，挑战你产品的极限。看看那些用户想要什么，你就会发现下一步可以提供什么产品或服务的线索。例如，耐克通过研究世界级运动员获得了许多创新理念——它邀请运动员到耐克学校比赛，并安排设计师在一旁观察。在撰写本书时，Garmen 已成为世界最大的可穿戴设备制造商之一，其领先地位源自该公司致力于为那些想在手腕上佩戴 GPS 设备的铁杆户外冒险家提供服务。尽管这个市场的规模很小，但如果 Garmen 没有在早期服务于该市场，那么它很可能会错过可穿戴设备的热潮。**你的"超级用户"要求什么？他们的痛点是什么？**

根据我的经验，哪怕只花 7 分钟对这些模式进行头脑风暴，你将产生 30～100 个创意。

分析

圈出你认为最重要的五件事。没圈的事就组成了你"无论如何都要避免的清单"。

——沃伦·巴菲特[6]

最后，你要对创意排优先级。当你这么做的时候，你可能会忽视那些最具创新性的创意。这是有合理原因的：从定义上看，最具创新性的创意都是对过去的背离，它们与流行的理念和实践不一致，因此很容易被忽视。不过，通过简单的三个步骤可以避免这种情况。

第一步，按实施难易和影响力高低将创意在 2×2 矩阵中排序。对于每个创意，评估是容易实施还是难以实施。容易实施的创意似乎是成本低且简单，几乎不需要新的能力。然后，对于每个创意，询问如果成功实施，它的潜在影响是什么，影响力是高还是低。在评估影响力时，考虑一下创新大师维贾伊·戈文达拉扬（Vijay Govindarajan）教授的建议："我们必须把创新看作是用更少的钱为更多的人做更多的事。"[7]

这将划分出四类创意。

- **实施困难、影响力低的创意**是"浪费时间"，完全不用考虑。
- **实施容易、影响力低的创意**是"策略"，列在待办事项清单里，有时间就付诸实施。
- **实施容易、影响力高的创意**是"成功举措"。这些是人们认为你应该关注的创意。但我们发现，真正突破性的创意往往属于第四类。
- **实施困难、影响力高的创意**都是"疯狂的创意"。它们看似不可能，但如果你能弄清楚它们，它们将会产生重大影响。突破性的创意可能就在这里。

第二步，将一些"疯狂的"创意进行分解。我们经常仅仅因为一个创意看起来不同而认为它是"疯狂的"，这就是那么多伟大的创意在上市前夭折的原因。为了避免这种情况，只需选择1～3个"疯狂的"创意，并遵循阿尔伯特·爱因斯坦的建议："并不是我有多么聪明，而是我面对问题的时间比较久。"强迫你自己和团队在十分钟内接受一个看似不可能的创意。

- 列出让你的创意看起来很疯狂的三大障碍。
- 针对每一个障碍，通过头脑风暴想出三种方法来消除它。例如，如果你认为成本太高，你可以写下："与有钱人合作，找一个客户提供资金，通过外包降低前期成本。"

- 然后坐下来问自己："这个创意现在看起来还疯狂吗？"你经常会发现，最初看起来像开玩笑的创意实际上值得进一步探索。

第三步，记录你的创意组合。选择 5 个要测试的新创意。把它们圈起来，重点标识，或者写在笔记本上。我采访过一位内部创新者，他在办公室墙上贴了一张清单，不断提醒自己正在开展的创新。把你所有的创意放在 2×2 矩阵中，这可以成为有用的创新储备。列出正在实施的创意、已实施的创意和已排除的创意。当实施或排除一个创意时，从你的创新储备中拿出另一个创意，并激活它。

结束语

许多潜在内部创新者备感沮丧，因为他们目光短浅，只追求一个创意，而没有创建一个创意组合。要做到这一点，可以通过想象来展望一下理想结果，通过剖析问题来关注意想不到的事，通过头脑风暴来扩展选择范围，通过归类和精选的方式来分析创意。

＊ ＊ ＊

吉恩·菲维尔是一个创意机器。她喜欢尝试新事物，当一个创意不奏效时，她会转向下一个创意。不过，第一次战略会议结束时，她担心除非亲自操刀，否则"浪漫 2.0"难以落实。因此，第二天，吉恩走进老板办公室，并向他宣布："我想做这个。"

第6章

价值阻碍：消除"企业抗体"

吉恩的创意轮廓日益清晰，她甚至说服了其他人相信该创意的潜力。然后，当她思考如何实现"浪漫 2.0"时，看到了一系列纠缠不清的问题。比如，由于言情小说的读者大都非常年轻，意味着 18 岁以下的人会访问网站，这可能带来法律责任问题。此外，每个出版合同都不一样，都需要一对一签订，这并不符合设想，因为他们希望，手稿提交人可以事先同意：如果某本书被读者选中了，就交给麦克米伦公司出版。审稿人可能会变得挑剔，对作者的作品说三道四。他们如何说服公司为该平台投资数十万美元？他们需要一名拥有技术和营销专业知识的项目经理，但公司缺乏这样的人。一个更大问题是：他们能否说服一家拥有175年历史的出版商缩短传统出版流程，取消或至少显著削弱它作为优质文学传播者的角色？

许多胸怀抱负的内部创新者可能会把这些障碍当作不创新的理由。不过，成功的内部创新者更多将其视为亟待解决的难题。吉恩后来说，创建Swoon Reads是"我做过的最艰难的事情之一"。不过，她不会因挑战而退缩。"我就像个快乐的白痴，我并非没看到可能发生的问题，而是看到了更多的机会。"

事实证明她是对的——因为她很早就敏锐地发现了最大的障碍。

什么是价值阻碍

如果你想在公司成功推动创新，就必须创造价值。你的创意将如何带来价值——如何销售、营销、获得支持、定价等，这些对你和帮助你的同事来说可能是显而易见的，甚至对公司领导而言可能也很清楚。不过，你的公司，无论是否有意，都存在一个由源于当前商业模式的程序、规范和假设构成的蜘蛛网，这通常就是受挫的潜在内部创新者所说的"企业抗体"，它们会阻止你传递价值。如果不能预见和中和这些抗体，你将无法挖掘创意的潜力。许多创新之所以失败，仅仅是因为创新者跳过了关键的一步——诊断并预测可能出现的阻碍。

以麦乐比萨为例。麦当劳通过市场调查发现了一件值得关注的事情：在麦当劳吃饭的人也吃比萨！他们还学会了如何在麦当劳店里烤比萨。因此，该公司大张旗鼓推出了麦乐比萨。这个创意失败了，原因简单却出乎意料：当消费者想到麦当劳时，首先想到的是汉堡包，要把麦当劳与比萨联系起来对他们来说太不习惯了。

你的创意可能很好，但仍会因为与公司现有商业模式的某些要素冲突而受阻。麦乐比萨与麦当劳的品牌（或定位）相冲突。通过预测和消除此类问题，可以显著提高创意成功的概率。关键是评估公司现有商业模式，找准潜在冲突点，然后设计新的商业模式来解决冲突。在本章中，我们将指导你做到这一点。

商业模式至关重要

你选择的商业模式可以说比产品本身更重要。百事公司前首席人力资源官、《费纳领导力要点》（*The Feiner Points of Leadership*）[1]一书的作者迈克尔·费纳（Michael Feiner）讲述了百事公司零食品牌菲多利（Frito-Lay）的故事。菲多利开发出了它认为是终极饼干的产品。味觉测试、焦点小组访谈和问卷调查都证明了这一点：百事公司手上有一个热门产品。

然而，菲多利的产品"祖母饼干"虽然在市场测试中取得了很好的成绩，现在却不太为人所知。为什么呢？因为这一突破性产品与菲多利的商业模式不符。

费纳向我解释说，要把祖母饼干送到商店，菲多利卡车司机必须在杂货店开辟一条新通道，要从小吃区（存放菲多利薯片的地方）走到饼干区，但他们拒绝这样做。为了销售这些饼干，菲多利的销售团队必须卖给不同顾客。由于买薯条和买饼干的杂货店经理是不同的人，销售人员将不得不从零开始。

祖母饼干失败了，不是因为缺乏顾客需求，也不是由于产品劣质，只是因为它与菲多利现有商业模式冲突。

你在设计商业模式时做出的每一个选择都至关重要。如果谨慎做出正确选择，你就可以避免一些可能会阻碍一个很有前景的创意的意外。

在为撰写这本书而搜集资料时，我有机会采访到了微软研究院前负责人戈登·贝尔（Gordon Bell）。作为研究人员中的传奇人物，戈登拥有众多专利，见证过的重大创新可能不比任何人少。他对成熟公司为什么以及何时会拒绝创新给出了详细解释："如果它（创新）太接近（当前的商业模式），它就会被扼杀，因为可能会蚕食现有业务，如果离得太远，就没有人愿意支持。你试图找到一个合适的区间，不太热也不太冷，这很难。你必须了解你的产品与现有产品或销售渠道的接近程度。"[2]

简而言之，你要确定每个潜在的冲突区域，然后决定如何处理。所有这些都反映在你为创意设计的商业模式中。关键是要仔细检查商业模式的八个要素（我们将很快深入研究），确保你的设计方式会让客户（或用户，如果你开展的是内部创新）喜欢，竞争对手不会模仿，而且公司会接受。

诀窍：没有破坏的破坏

2004 年，沃顿商学院教授乔治·戴伊注意到了一些正在发生的奇怪的事情。公司实施的重大突破性创新项目寥寥无几，但推出了更多无关紧要的小创新。它们正在增加乔治所说的"小 i"创新活动——对现有产品的小改动或持续改进，例如为现有的汽车添加功能。但它们开展"大 I"创新——引领公司进入新市场或接触新技术的举措——的速度却在下降。[3]

他发现，公司害怕开展"大 I"创新，因为它们认为这些创新风险太大。为此，乔治开始实际测量风险到底有多大。他发现，如果试图推出一项针对公司某个全新市场（比如面向某类核心客户）的创新，使用的产品或技术也是全新的，那么失败率可能达 75% ～ 95%。然而，如果针对现有客户群中引入创新，使用的产品或技术与公司现在提供的相同，失败率将降至 25% ～ 40%。他的结论是，为了实现持续增长，公司需要推动各种各样的创意。

我想借此机会给出一个稍微不同的结论：可以实施能挑战竞争对手但不会破坏当前核心业务的创新，从根本上提高创意的成功率。

你可以在不破坏现有业务的情况下参与竞争，这是最好的结果。

典型的例子：Xbox

意料之外的商业模式冲突很容易扼杀看似理所当然的东西。我们已经在麦乐比萨和祖母饼干上看到了这种情况。不过，如果你富有战略眼光，能够预测和解决未来的价值阻碍，就可以推动表面上看起来会失败的创意取得巨大成功。

例如，Xbox 并不是一个知名的创新，而是不以酷闻名的品牌微软试图推出的一个需要酷品牌的新产品（它的第一款游戏机），也是一家软件公司试图制造硬件的一次尝试。创新过程中很多方面都可能出问题，不过，由于 Xbox 团队考虑了价值阻碍因素，实施了关键性的战略举措，从而推动 Xbox 取得了成功。

1999 年，在回家的飞机上，谢默斯·布莱克利（Seamus Blackley）正在思考他刚刚听到的一件事：索尼将推出一款名为 PlayStation 的新游戏机，据预测，其功能强大，将摧毁 PC（个人电脑）游戏。谢默斯是一名物理学家，从小就爱玩游戏，在梦工厂互动娱乐公司（DreamWorks Interactive）工作时，他根据《侏罗纪公园》制作了一款突破性的电子游戏。谢默斯对索尼的这个创意感到心烦意乱。

当时，电子游戏一般有两种形式。一种是游戏机游戏，在任天堂或索尼制造的硬件上玩。为了适应这种形式，游戏公司必须开发专门的游戏。这种游戏受游戏机制造商严格控制，自由度少，但拥有大量的潜在玩家。

另一种是 PC 游戏。这种游戏自由度更大，拥有便于使用的工具和提供技术支持的开发人员社区。但是由于 PC 游戏玩家较少，留给开发者的市场空间要小得多。如果索尼真的摧毁了 PC 游戏业务，那将会给 PC 游戏开发商留下更小的潜在市场份额。

谢默斯认为，微软完全可以介入并与索尼展开竞争。微软凭借资金和技术人才可以推出一款与 PlayStation 正面交锋的游戏机。不过，这是一场巨大的赌博，全新的客户、开发人员和技术很可能意味着 75% 以上的失败率。

不过，谢默斯凭直觉找到了一种不同的方法，该方法既可以让微软游戏在竞争中脱颖而出（在市场上更具破坏性），又能发挥微软的优势，从而减少对其现有业务的侵蚀。他解释说："我们有机会制造自己的游戏机，这个游戏机具有巨大的商业潜力，又能为 PC 游戏设计师和传统离线渲染社区的设计师提供工具、支持和力量。这的确是一个非常具有创意的火花。"

换句话说，微软将瞄准一个新的终端用户市场——游戏玩家，同时又与 PC 游戏开发者核心社区保持密切联系。由于游戏机的生死存亡通常取决于游戏的质量，拥有最好游戏的游戏机通常是最后的赢家。坚持为 PC 游戏开发者社区服务，不仅会降低 Xbox 对微软的破坏性，而且能将微软与 PC 游戏开发者合作的优势转化为与索尼抗衡的强大优势。

谢默斯接下来要做的工作很多。他组建了一个小团队，通过建立良好的内部关系获得支持，平衡好日常工作与拓展新业务的关系，并在一开始将商业模式的关键要素与微软的核心业务巧妙分开。

这样做的效果非常显著。由于谢默斯的专注，被许多人认为是庞大、古怪的商业软件公司微软现在控制着最大的在线游戏社区，销售着世界上第二大最受欢迎的游戏机，远远领先于第三名。

在谢默斯认识到微软可以利用自己的优势（提供高质量工具帮助开发人员构建应用程序，设计 PC 等高功率系统，了解和支持开发人员社区）时，Xbox 已经具备了成功的基础。如果竞争对手试图模仿 Xbox，微软可以推出一款对自身核心业务破坏性小、对竞争对手业务破坏性大的产品。[4]

不妨这样想想：你的商业模式可能会破坏竞争对手的业务，也可能不会；可能会破坏你的业务，也可能不会。按这种方式划分，你有以下四种选择：

- **模仿者**　新的创新者带着新的商业模式出现。该模式正在运行，你想模仿它。比如，你经营着一家出租车公司，决定简单地模仿优步模式。你经营着一家传统汽车公司，决定要推出一项新业务直接与特斯拉竞争。你本质上是在复制别人的成功模式。这种模式很可能会破坏你的核心业务，但不会对竞争对手构成太大挑战，因为竞争对手已采用了新模式。

- **一切照旧**　如果新商业模式对你或竞争对手的业务没有破坏性，那么它可能会给公司带来短期收益，甚至可能会在一段时间内被推崇为创新，但竞争对手很快就会模仿它。例如，1969 年 9 月 2 日，纽约化学银行成为美国第一家安装自动取款机（ATM）的银行，这在短时间内被认为是一个突破，不过十年之内大多数美国大银行都安装了 ATM。ATM 虽然从根本上方便了消费者，却没有改变银行的竞争地位。

- **激进者**　如果你的商业模式对你和竞争对手都具有真正的颠覆性，那么你就是在追求激进的创新。你应该考虑公司是否真的适合开展这类创新。例如，麦当劳推出了 Redbox，这是一项主要在杂货店外经营 DVD 出租亭的业务。事实证明，这是一项成功的创新，但麦当劳在开展此类创新方面没有任何特殊优势，这就是为什么 Redbox 最终被拆分为一家独立的公司。

- **战略性破坏**　这是最理想的模式。你打算设计这样一个支撑创意的商业模式，既可以让竞争对手无法模仿，又能利用公司的优势、方法和商业模式。Xbox 团队就是这样做的。

你如何调整商业模式，以便可以在不破坏现有业务的情况下参与市场竞争？关键是从至少八个维度分析你的商业模式，预测可能出现的问题，并寻找巧妙的机会扰乱市场竞争，同时不破坏自己的业务。

解构商业模式的八个维度

关于什么是商业模式，你会发现有多个思想流派。在我看来，所有这些流派的描述都只是帮助我们厘清事物的语言工具。我们找到许多使用"8P"框架取得成功的案例，该框架建议考虑业务的八个不同但相互关联的维度。

- **定位**（Positioning） 核心客户是谁，以及品牌在他心中的位置如何。
- **产品**（Product） 销售的东西，包括核心产品（服务）和所有的辅助产品（服务）。
- **定价**（Pricing） 如何为产品（服务）定价。
- **分销**（Placement） 如何提供产品（服务）(例如，分销渠道、分销区域、分销方式）。
- **促销**（Promotion） 如何与核心客户沟通，包括营销、销售、公共关系和公司沟通。
- **流程**（Process） 有利于实现价值主张的内部流程。
- **物理体验**（Physical Experience） 为客户创造的物理体验，包括他们在与公司和品牌互动时看见的、闻到的、听到的、尝到的和感受到的。
- **人员**（People） 雇用的人员、组织方式以及公司文化。

下面我们将对每个维度进行分解，并强调关键注意事项。我们会花更多时间阐述前两个 P，因为它们确实为商业模式设定了方向。

定位

伟大的商业模式始于清晰明确的产品定位，这一定位需要特别做出三个明确的选择：

- 你的核心客户是谁或者不是谁。
- 你为他们提供什么价值（或者你帮助他们实现什么可能性）。
- 他们与你的品牌有哪些关联。

如果你能在这三个方面建立一个强大的、独特的定位，那么商业模式的其他元素——如何定价、分销、营销等——可以同样独一无二。无论你的最终用户是客户还是内部利益相关者，都是如此。即使你在一个支持性的职能部门——IT、法律、合规，你的创新也会有一个商业模式，而这个商业模式会有核心客户（使用你内部服务的商业伙伴）、价值主张（你帮助他们解决的问题）和品牌联想（当他们提到你的部门或服务时会想到什么）。

让我们看一下布伦丹·里普（Brendan Ripp）。作为时代公司首席财务官的儿子，布伦丹在广告行业长大，所以他大学毕业后，自然对广告业产生了浓厚兴趣。布伦丹在智威汤逊广告公司（J. Walter Thompson）工作一年后，加入了他父亲所在的时代公司担任初级销售代表，并且"从未回头"。[5]

当谈到利用雇主品牌定位来创立新品牌时，很少有人能像他那样拥有令人印象深刻的成就。他曾担任体育画报集团的发行人，在那里领导了20多个延伸品牌的开发，包括一个新的电影制作部门、一个大学体育垂直领域、体育画报泳装栏目的消费者活动，以及最近推出的一个品牌内容工作室 SI Overtime。其间，他还担任《时代》

《财富》和《金钱》的出版商。在撰写本文时，他负责着福克斯《国家地理》的销售和对外合作。

在负责出版《金钱》期间，市场的变化迫使布伦丹迅速重新考虑经营策略。他的一位主要广告客户宣布削减广告预算，并打算将剩下的全部预算转移到数字资产中。并非只有一家如此，其他几个重要广告客户也有类似的计划。然而，《金钱》提供的数字产品很少。更糟糕的是，客户不再对个人理财杂志（《金钱》所属类别）感兴趣。

布伦丹意识到，"需要打造一种前所未有的独特产品，既能吸引读者，又能拓展新的广告业务"。如果不这样做，《金钱》就会遇到麻烦。因此，他开始尝试与时代集团下属的其他媒体品牌建立合作伙伴关系，以创建可以"打破混乱局面"并让广告客户接触到更多受众的全新平台。

《金钱》说服了《简单生活》（*Real Simple*）杂志（女性杂志和媒体）的领导层创建一个新的印刷、数字和视频系列节目，名为"时间紧迫的财富管理"（Money Management for the Time-Pressed），将两类受众融合在一起。该节目被证明是一个重要突破，成为最受欢迎的早间节目《今日秀》（*Today Show*）的特色节目。雪佛兰抓住机会拿出 100 万美元成为其多平台的赞助商。与时代集团旗下的《老屋》（*This Old House*）杂志的合作为《金钱》开辟了一个全新的市场——处理与家庭装修相关的财务问题的业主市场。

每一次品牌联合都带来了新的客户、市场和收入。例如，当布伦丹接任《体育画报》出版人时，他说服了广受欢迎的科技杂志《连线》（*Wired*）在科学和体育交叉领域合作启动一个新项目，这很快吸引到了两大广告客户——佳得乐和微软。布伦丹的编辑团队可以采访佳得乐的科学家，以凸显其在提高运动成绩方面所做的工作。微软作为美国国家橄榄球联盟的重要广告客户，看到了进一步扩大曝光的机会，很快就签约了。

成功的商业模式始于独特的定位：你的目标核心客户不同于竞争对手所服务的客户，或你承诺了竞争对手无法（或不想）承诺的价值主张，或你将品牌与竞争对手无法（或不想）关联的属性联系了起来。

你需要充分认识到，内部创新者面临的定位挑战不同于企业家，企业家通常会先问"市场需要什么"，但如果你这样做，很可能会加入失望者行列。他们会抱怨："我知道这样定位是正确的，但公司和营销团队不会接受。"

成功的内部创新者反其道而行之。他们从公司已拥有的独特定位资产——忠诚的核心客户、明确的价值主张、为人熟知的品牌开始，并探索如何利用这些资产或在此基础上开新业务。他们寻找神奇的中间点，在这个位置上，既能吸引市场，又能让组织提供独特的服务。

你怎么知道自己何时找到了神奇的中间点呢？布伦丹说这是显而易见的。一旦找到这个中间点，创意马上就有意义了。定位——客户、价值主张、品牌如此清晰，以至于你会听到类似于"当然！我们为什么以前没有想到这个！"的声音。《金钱》之于《简单生活》的女性消费群体，《连线》之于超级杯橄榄球比赛爱好者，都是显而易见地合适——但只有在人们意识到之后。

> 关键问题：
>
> - 你如何选择公司服务的一个或多个核心客户？
> - 客户与公司、产品或品牌有哪些关联，如何利用这些关联为你的创意确立强有力的定位。

产品（服务）

一旦你选择了一个独特定位，设计一个同样独特的产品就更容易了。你的产品越与众不同，用户就越难把它与其他产品进行比较，你也就越容易提高价格，卖出更多产品或创造更大价值。

要让产品与众不同，每个企业的老板都知道这一点。然而，产品差异化需要清晰聚焦。因为你起步时就拥有更多资源——可以利用公司拥有的独特能力、规范和优势——你可能会更果断地寻求竞争对手没有的产品特性。

考虑核心产品之外的东西对于从更大范围思考你的产品（服务）会有所帮助。你要考虑把经常被忽略的相关服务当作核心服务的一部分。比如，酒店不仅提供一个晚上的床位，还提供在线注册服务、代客泊车服务、行李搬运服务、登记入住服务、室内 Wi-Fi、有线电视、客房服务等，它们共同创造了用户体验。

这些辅助产品（服务）通常分为两类：

- 促进类　帮助客户访问核心产品（服务）的产品（服务），如注册、日程安排、价目表、付款等。
- 增强类　提高核心产品（服务）价值的产品（服务），如定制服务、高级附加服务和客户支持。

怎么做

我们发现，通过以下四个步骤可以系统定义一种产品（服务），这种产品（服务）会扰乱竞争对手，同时也能减少对公司的影响。

- **开展头脑风暴。** 首先，对一整套客户（内部或外部）想要或需要的产品（服务）进行头脑风暴。考虑如何促进和增强产品（服务）。

- **创建属性优先列表。** 查看产品（服务）列表，列出核心客户（根据定位明确）最关心的属性优先序。比如，沃尔玛非常清楚核心客户最看重的购物体验属性是低价格和跨品类选择，最不看重的属性是购物环境和销售帮助。查看你的产品（服务）列表（从第1步中得到），确保涵盖所有重要属性。

- **确定商业模式问题。** 对于列表中的每个属性（从第2步中得到），问问自己：可能会在哪里遇到问题（比如，当前的方法哪些方面不利于成功）？如果坚持目前的商业模式，会发生什么？它会损害还是帮助我们？

- **决定你可能想要接受、倾向或改变什么。** 创建产品属性或元素的三个列表：

  - 我应该接受什么（比如，因为它们太难改变，或者因为我们这样做会创造优势）？

  - 我应该倾向什么？

○ 我应该改变什么？

这个过程会让你很好地了解什么样的产品风格或者产品属性组合有可能对市场造成影响（也就是说，核心客户会喜欢，而竞争对手不会复制），但对公司的破坏性更小。

定价

过去和现在许多最成功的商业创新之所以成功，并不是因为产品（服务）优质（尽管根据前面章节提供的方法，你现在可能拥有了真正独特的产品（服务）），而是由于提供了不同的定价结构。

比如下面这些例子：

- **亲近关系**　美信银行（MBNA）决定向一些大型组织支付特许权使用费，以获得向其会员提供信用卡的专有权，并通过引入同族俱乐部给信用卡发行业带来了震动。
- **服务水平**　斯普林特（Sprint）是首批按不同服务水平收费的公司之一，这让竞争对手感到惊讶。
- **部分所有权**　利捷航空（NetJets）（一家私人公务机公司）不再按航班收费，而是决定按"部分所有权"收费。
- **订购**　如今，OneGo、Surf Air 和 Jumpjet 等公司通过提供特定目的地之间不限次数的航班收取订购费。从软件行业（例如 Microsoft 和 Adobe，它们已从许可模式转向订购模式）到食品行业（例如 HelloFresh 和 Blue Apron），这种订购模式正在被各行各业广泛采用。

- **免费增值**　免费提供基本服务，然后对高级功能收费，这促成了众多商业模式的成功，包括 LinkedIn、Skype 和 Dropbox。

- **租赁**　20 世纪 80 年代，福特公司采用了"租赁"模式，在这种模式下，司机不需购买和拥有一辆汽车，只需按月付费就可以在更短时间内获得一辆汽车。这种新定价方式很快被业界采用，如今近 25% 的新车是租赁的而非销售的。[6]

- **会员资格**　通过预付费用让客户获得折扣服务，可以改变客户购买心理。比如，亚马逊金牌服务（Amazon Prime）让客户支付每年的会员费，以换取免费的两日达运送服务和其他福利。一旦支付了会员费，人们的心理就会发生变化，他们想从会员费中获取尽可能多的价值，所以会买得更多。折扣零售商开市客（Costco）通过向购物俱乐部出售年度会员资格，也会激发类似的购买动力。

- **"牛奶"定价**　杂货店知道，顾客倾向于根据牛奶价格判断连锁店商品的相对价格。如果牛奶价格较低，就可以吸引顾客，并让他们产生一种感觉，认为店里销售的其他产品的价格也同样比较低。这也是为什么杂货店会将牛奶放在尽可能远离门口的位置，这样会让你经过尽可能多的货架。

- **从产品到服务**　与租赁或部分所有权模式类似，这种方法将客户从购买产品转向购买服务。比如，热布卡（Zipcar）对租车业务进行了调整，通过提供汽车共享服务，会员可以按需使用汽车。

- **社区访问**　安吉斯里斯特（Angie's List）向会员收取访问客户社区的费用（社区主要是分享评价信息），而不是直接收取管道、屋顶、绿化和其他服务的费用。后来它改变了这种模式，免费向客户提供评价信息，只向承包商收费。

内部创新者与企业家还有另一个不同方面。企业家可以从一张白纸开始创建市场可能接受的任何定价结构，内部创新者必须在现有组织内设置定价结构。这很容易被认为是对内部创新者的限制（说服领导层接受会员费而不是按单位收费可能更难），但公司规模同样可以成为优势。公司的规模和资产让你能更轻松转换到多元化的定价结构。虽然初创公司有很强的创收动力，但一个资源丰富的成熟公司更容易实现创收。

你想探索有趣的定价模式，以便将业务模式转变为"战略性破坏"模式。不过，千万别简单跳入并模仿最新、最热门的做法。比如，当 TiVo 将硬盘录像机（DVR）引入美国市场时，有线电视公司被嘲笑过时了。许多人认为有线电视公司落后于时代，后来有线电视公司幡然醒悟，开始自己提供 DVR。然而，有线电视公司并没有像 TiVo 那样对设备收费，而是免费赠送，只需将设备安装在它们已放置在客户家中的有线电视盒中。因为一旦这些客户安装了 DVR，他们倾向于升级到价格更高的有线电视套餐。[7]

关键问题：

- 可接受的产品（服务）定价方式是什么？
- 公司认为该产品（服务）定价的正常方式是什么？
- 你认为有哪些有趣的选择可以改变产品（服务）的定价基础？
- 这种新定价模式的内部阻力将来自哪里？

分销

用"渠道"（Placement）取代"配送"（Distribution），只是为了体现首字母"P"，这样"8P"框架就不会成为"7P和1D"。渠道就是如何向核心客户交付你的产品或服务。如果你的创新是针对外部客户的，那么渠道决策意味着在哪里开商店、是否使用信息亭、如何安排卡车路线和设计物流系统，等等。如果你正在考虑的是内部创新，渠道决策则包括与内部用户面对面交流还是线上互动、用户自助服务还是你为他们服务，以及团队成员所处的位置等。

选择独特的渠道一直是众多突破性公司的核心战略。比如，戴尔（直销而不是通过零售商）、沃尔玛（在农村而不是大都市区开设门店）、西南航空（点对点服务而不是通过枢纽机场服务）或赛富时（Salesforce.com）（通过云来交付软件，而不是将其安装在公司服务器上）。

我采访过的内部创新者经常提到渠道是一个特别令人烦恼的问题。正如祖母饼干团队所发现的那样，多年来公司的渠道规则可能已经根深蒂固了。构成物流链的配送资产——配送中心、卡车、库存系统——需要大量投资，而你的公司则希望保护这些投资。

根据我们所研究的案例，与其他商业模式相比，渠道选择的灵活性更低。你可以做以下三件事：

- 接受公司当前的渠道模式。
- 创建完全不同的渠道模式。
- 拆分现有产品。

接受当前的渠道模式意味着，将产品通过渠道链变成仓库货架上的一件物品和卡车上的一个箱子。如果可以设计出适合市场和客户的模式，那么你将消除创意被拒绝的风险。

创建一个完全不同的渠道，适用于建立一个完全不同的业务的情况。

拆分产品意味着把产品所提供的服务分解成几部分，一部分利用现有渠道分销，另一些通过新的渠道分销。

关键问题：

- 思考一下当前的渠道模式，问题可能会出现在哪里？
- 你应该接受当前的渠道模式，创建一个全新的渠道模式，还是将产品分成若干部分？

促销

促销包括围绕向潜在客户、客户、合作伙伴等宣传产品（服务）开展的一切活动。具体来说，它包括市场营销、销售、企业传播和公共关系。

当我问内部创新者他们面临的最严重的障碍时，"促销"通常是其中之一。最常见的挑战分为两类。

- **营销体系**　营销部门实施严格的品牌准则，限制了灵活性，需要很长时间才能批准广告图像、文案和品牌设计。
- **销售队伍**　销售人员倾向于销售已知的东西，很难让他们意识到你想向客户推出的新产品，很难让他们足够关心这些新产品并向客户推荐，很难在他们认为可以更轻松地销售他们已知的东西的情况下激励他们销售新产品。

首先来看营销体系。不管是哪个行业，我采访过的创新者都对营销体系表示失望，因为营销往往动作太慢、太死板，而且愿意做或能做的事太有限。

即使是内部创新也如此。你很可能会找到一个公司沟通小组，这个小组要么调动并激活你的努力，要么减缓并淡化你的努力。

我还没有找到解决营销问题的灵丹妙药，但以下是与我交谈过的创新者分享的五条建议。

- **建立友谊**。带你的营销伙伴出去吃午饭，亲自了解他们，这样当你需要时，他们会更快地响应你的要求，并给予特别关注。

- **尽早参与**。要知道交付周期可能很长，而且市场营销部门可能有积压的工作，所以最好在需要采取行动之前就让他们参与进来。你的竞争对手可能会在上市前几周开始考虑营销问题。你需要在那之前很久就开始。

- **共同创造**。让营销部门帮助你创造。当创意还处于萌芽阶段时，就让营销部门了解它，邀请他们帮助设计商业模式。他们通常会帮助你提前解决营销障碍，创造营销机会。

- **了解规则**。每个知名品牌都有精心定义的品牌指南。开展品牌指南的自我教育。尽量按指南开展工作，而不是违反指南。

- **成立非正式营销委员会**。由于营销决策越来越与技术、运营决策融合，你可以尝试一下我采访过的一位创新者的建

议：创建一个由营销、技术和运营方面的盟友组成的非正
式委员会。与他们分享共同愿景，并定期召开会议，以便
他们能有效地为你提供跨专业指导（见第 8 章）。

再来看销售人员。另一个常见障碍是说服销售人员支持你的创
新。一家制药公司的创新者获准开辟新业务线，虽然技术是全新的，
但目标客户——销售人员要拜访的对象是一样的。所以，这位创新
者很自然地认为，既然无论如何销售人员都要拜访客户，那么他们
应该很容易打开新产品的销路。

不幸的是，区域销售主管并不都同意这样做。一个地区的主管
强烈支持新业务，另一个地区的却不支持。结果如你所料，尽管这
两个地区有着相似的情况——相同的公司、相同的核心产品、相同
的核心客户、相同的新产品，但是新产品在支持率高的地区获得了
巨大成功，在支持率较低的地区却失败了。

作为一名内部创新者，你必须认真考虑如何吸引销售人员，这
一点至关重要，成败可能取决于此。

我们可以通过预测问题来应对这一挑战，这样就可以提前解决
这些问题。我采访的一位创新者分享了一个结构良好的有效模型。

- **目标客户**　具体来说，销售人员正在拜访谁？仅仅因为他们
  拜访的公司是新产品的目标客户，并不意味着他们能有效地
  向该公司销售新产品。就像我们的一位客户最近想尝试的新
  产品一样，如果他们正在拜访采购经理，而你想向 CFO 进行
  销售，那么你的销售人员可能根本没有任何优势。

- **覆盖面和能力**　你的销售人员是否有足够的覆盖面（即销售人员能否接触到足够多的目标客户）？他们是否有能力（足够的时间和资源）有效推动创新？如果要与 1000 名客户交谈才能获得表明创新成功的初始销售额，但销售人员只能与 500 名客户定期接触，那么你就会遇到问题。同样，如果你发现销售人员已不堪重负，难以保证他们的电话和访问进度，你可能会面临"带宽问题"。

- **激励措施和绩效管理**　销售人员通过什么指标来衡量绩效，薪酬是如何计算的？比如，如果销售人员正在销售的是成熟产品，激励结构可能会鼓励他们专注于向现有客户销售更多的后续产品来增加"钱包份额"。相反，你却希望他们销售新产品并吸引新客户。如果他们通过销售新产品获得的不如销售更多的老产品那样多，那么你也将面临许多问题。

- **销售工具**　每个运作良好的销售部门都会为销售人员配备一个工具包。这个工具包涵盖销售流程（清单）、销售脚本、产品描述和拜访支持（比如专家支持，包括提供产品详细信息来帮助销售人员完成销售）等内容。因为你的创意是全新的，工具可能不那么成熟，所以你需要对快速开发一些高质量的工具进行投资。

- **文化**　最后，考虑一下销售队伍的规范和标准。它建立了重视学习的文化吗？如果没有，可能很难让销售人员花时间了解新产品。它建立了鼓励积极进取的文化吗？这一点已被证明是创新型组织的关键驱动力。如果销售人员主要是响应请求而不是主动创造机会，这会限制你的创新的空间。

如果你针对内部客户开展创新，情况也是如此。你可能没有一支正式的销售队伍，但有一些人会负责让你的创新获得认可。也许你想引入一个新的人力资源政策或一个新的技术接口。谁向内部用户推广这个创意？他们是否已经拜访了目标用户？它们有足够的覆盖面和能力吗？有正确的激励措施吗？你会为他们提供所需的工具吗？销售队伍的文化是否激励他们成为创新的倡导者？

关键问题：

- 是否已完成必要工作以获得营销部门的协作和支持？
- 是否建立了友谊？
- 是否尽早参与？
- 是否邀请他们与你共同创造？
- 清楚了解规则吗？
- 是否建立了一个非正式营销委员会？
- 是否已预料到并正在解决可能面临的销售人员障碍？
  - 目标客户
  - 覆盖范围和能力
  - 激励措施和绩效管理
  - 销售工具
  - 文化

流程

在一次（由一家领先的消费品公司召开的）研讨会的休息期间，

一位公司全球营销团队的高管在走廊里拦住我，告诉了我一些令我震惊的事："我认为尽管我们提出了一个具有突破性的创意，但我们面临着一个更基本的问题。仅仅是为一位零售客户开发票就花费了我们数周时间，而规模不如我们的竞争对手做同样的事只需几个小时。"

按道理不应该这样，但事实就是如此。由于公司业务流程是多年来逐步形成的，目的是提高可预测性和一致性，优化效率而非速度，因此你的创新很可能会受到组织广泛存在的规则、检查表和政策的困扰。与其他商业模式要素一样，成功的内部创新者要学会如何通过接受、理解、预测、消除障碍来规避失败。

运营结构一直被认为是内部创新的最大障碍之一。[8]大多数关于消除这些障碍的研究都是针对高层领导的，大部分改变内部结构的建议都是针对首席执行官和高层团队的。事实上，你对流程的影响可能有限。我采访的许多创新者都表示他们对尝试这么做没什么兴趣。有一个人说："我不想改变公司，只想这个项目成功。"

如果你只是想更好地驾驭而非改变运营流程，那么你就有更大的获胜机会。

那么，你应该规划哪些流程呢？

1985年，哈佛商学院教授迈克尔·波特提出了一个现在广为人知的突破性框架——"价值链"。[9]由于它已有30多年的历史了，你可能会认为它不太有效。不过，这是一个强大的工具，如果系统地遵循它，可以避免创意被盲目对待。

波特建议任何组织都必须执行某些活动才能提供有价值的产品或服务。他确定了九个活动，分为两类：主要活动和辅助活动。

主要活动包括：

- **进货物流** 为了获取材料、投入物、零件或库存以生产产品（服务）所做的任何事情。
- **作业** 如何管理将投入（原材料、劳动力、能源等）转化为产品（服务）的产出过程。
- **出货物流** 存储、移动和交付产品（服务）给客户或最终用户。
- **市场营销和销售** 我们在本章前面已讨论过这一主题，你可以再看一下具体涉及的流程。
- **服务** 客户购买产品（服务）后，公司如何帮助其有效发挥作用。

辅助活动包括：

- **采购** 如何从外部获取运营所需的资源。
- **人力资源管理** 本章后面将对此进行详细介绍，这里主要是指雇用、培养和激励员工的流程。
- **技术开发** 从广义上讲，包括与设备、机械和信息技术相关的所有工作，以帮助将输入转化为最终产品（服务）。
- **基础设施** 包括会计、法律、财务、合规和一般管理等方面。

当你梳理这九个活动时，问自己两个问题：

- 我将面临哪些流程问题（如果有的话）？
- 是否有机会创造"战略性破坏"局面？

物理体验

这一因素与核心客户（无论是外部的还是内部的）在跟你的创新产品互动时，他们的五种感官所体验到的内容有关，包括他们看见的、听到的、闻到的、尝到的、感受到的。大多数商业模式都忽略了这点，但这是错误的。物理体验可能非常关键，只是你和你的竞争对手可能都低估了它的重要性。

苹果公司就是一个很好的例子。几十年来，它在物理体验上的投入比任何竞争对手都多。它在包装设计方面大量投资，确保包装盒的颜色、重量和质地恰到好处。我听说它甚至会分析打开盒子时产生的吸力。它做这一切的原因是，它知道客户第一次打开产品时获得的物理体验会产生强大的品牌联想。他们推出 Apple Store 的原因之一就是要完全掌控产品展示的环境。

另一个例子是阿拉斯加州航空公司（Alaska Airlines），该公司因率先将指纹识别引入登机流程而受到赞誉。它意识到，翻阅文件会带来压力和挫败感。现在，旅客只需在读取器上按下手指。

关键问题：

- 就核心客户与贵公司、品牌或产品（服务）互动时的实际体验而言，你的创新可能会面临哪些问题？
- 这种体验与公司目前创造的物理体验是否匹配？
- 你看到了哪些创造"战略性破坏"的机会？

人员

我们把人员放在最后不是因为它最不重要，而是恰恰相反。大部分关于创新的最新研究都将以人为本的政策作为影响创新成败的最重要的因素，这些政策包括雇用谁、如何组织员工、激励系统和文化等。[10]

安泰（Aetna）是一家拥有 160 年历史的医疗保健计划提供商，它主要为雇主服务，每年收入约 600 亿美元。然而，2005 年中期，劳里·布鲁贝克（Laurie Brubaker）意识到公司错失了一个机会。当时，她是一名高级副总裁，负责监管一些非核心市场，如药房和行为健康。美国有近 4500 万人没买保险，而且还有 2000 万人投保不足。她觉得安泰有机会也有义务为他们服务。因此，她制订了一份商业计划，展示了安泰如何向个人销售健康保险。

两年内，在她的领导下，安泰向 30 个州的 250 000 名会员提供了新的个人医疗保健计划，这一业务成了公司增长速度第二的业务。布鲁贝克帮助公司实现盈利并产生了重大的社会影响，因为许多在安泰投保的个人之前都没有买保险。

然而，如果她不仔细考虑"人员"这一维度，这项创新很容易失败。她意识到，安泰擅长将统计方法应用于企业客户群来估计未来医疗成本，从而确定保单价格。然而，为个人保单准确定价要进行个人医疗评估，这需要一套非常不同的技能，包括进行网络营销，以便公司能够接触到个人。

为了克服这种潜在的困难，布鲁贝克组建了一个由两类人组成的团队：来自核心业务的人，以及代表新业务需求的一群创新者。这个团队帮助填补了能力差距，同时确保公司能利用"人员"的优势。

> 为了帮助确保你能够像布鲁贝克那样预测和应对潜在的"人"的问题，需要搜索四个不同的冲突或机会领域。[11]

- **任务** 实施创新所需的具体活动。
- **人员** 雇用和培养的人员类型（考虑技能、个性等）。
- **正式结构** 组织结构，包括汇报关系、业务单位、激励措施和决策方法。
- **非正式结构（文化）** 组织内普遍存在的价值观、规范和常见行为。

针对每一个领域，问自己两个问题：哪里可能会发生冲突？有什么机会创造"战略性破坏"局面？

结束语

作为一个充满激情、雷厉风行的创新者，你可能渴望立即行动起来。虽然迅速行动可能会带来一种向前冲的感觉，但这种早期的动力很容易与公司当前的业务模式发生冲突。遭遇挫折时，你可能会认为"我的公司根本无法创新"，并得出结论认为，应简单地模仿当今领先竞争对手的商业模式，但这只会让你变得平庸。

要创造真正具有变革潜力的东西，应探索如何将商业模式转移到"战略性破坏"模式。仔细考虑商业模式的每个要素——定位、产品、定价、渠道、促销、流程、物理体验和人员。对于每一个要素，应评估哪里可能出现冲突，哪里存在机会，然后决定你可以接受、倾向或改变的地方，以便设计一个新的商业模式——能在不破坏业务的情况下扰乱市场。

在附录 B 中，你可以看到一份综合清单，该清单将帮助你识别并消除可能不利于创意的潜在价值阻碍。

＊　＊　＊

你可以想象，吉恩脑海中产生的创意会遇到许多潜在的价值阻碍。毕竟，这个新业务的运作方式与长期运行的出版流程相悖，即便是让读者对未完成的手稿给出反馈的创意也显得非常激进。该创意在"8P"框架的多个维度上遇到了各种各样的问题：

- **定位**　这个创意依赖于言情小说的作者和读者参与平台的积极性。
- **定价**　如果读者可以免费阅读手稿，那么他们可能会拒绝为成书付费。
- **渠道**　以这种方法产生的作品是否应通过书店进行销售？
- **促销**　销售团队可能不愿意卖新作品，因为它们的另一个版本已在网上向公众提供。
- **流程**　采用众包模式收集读者的反馈，这可能与麦克米伦和整个行业运行几十年的编辑流程相冲突。
- **人员**　工作人员是否具备建立和管理言情类作品的读者和作家社区的必要能力？他们是否具备所需的技术？

考虑到各方面的潜在冲突，吉恩越来越确信，要解决的最紧迫的价值阻碍是定位问题，即是否选择了正确的核心客户（言情类的作家和读者）？

为了评估这一点，必须开展试验。

第 7 章

行动：获得试验许可

如果你知道会起作用，那就不是试验。

——杰夫·贝佐斯

为了启动和运行创新，吉恩本来可以准备一份商业计划书来解决遇到的所有问题，包括法律问题、缺乏技术能力、需要引入完全不同的编辑流程等。在商学院，我们被告知这是下一步要做的事。然而，在老板的支持下，吉恩采取了更现代的方法。

她的老板乔恩·雅戈德解释说："过去的流程是战略—战略—战略—实施。如今，当你开始实施时，战略已经过时了。"他们决定采用敏捷或 Scrum 方法（稍后将详细介绍）。他们会问："我今天需要做的一件事是什么？"他们将开展低成本试验，从中学习并进行调整。

乔恩和吉恩认为，在创意面临的所有价值阻碍中，让作者和读者接受是最迫切需要解决的。如果他们能够证明那些想要自主出版的作者喜欢该创意，并且言情小说的读者会参与进来，他们就会更有理由说服公司该创意机会潜力巨大，值得花精力解决法律、运营、人才和流程问题。

* * *

不幸的是，大多数公司都希望拥有创意的人在行动之前，找出并解决所有可能的问题。大多数创新者实际上被告知，要推进一个创意就要"证明它"。这种商业计划方法如此根深蒂固，以至于成为公司的一种本能的自动行为。

我们甚至可以通过语言来描述这种困境。成熟公司倾向于"证明（Prove）—计划（Plan）—执行（Execute）"（PPE）模式，内部创新者则倾向于"行动（Act）—学习（Learn）—构建（Build）"（ALB）模式：采取行动，从中学习，然后在上一次学习的基础上进行构建。ALB 与 PPE 是两种不同的模式。

问题是 PPE 方法很少适用于真正全新的创意，因为不可能通过分析现有数据来证明一个全新的创意。如果你还不知道用户对创新的反应，就无法做出财务预测。你需要创建新数据（用户如何反应），而不是去查看现有数据。

有时不得不违背体制

如果一个新创意需通过试验证明是可行的，如果体制要求创新者先证明创意可行才允许试验，我们只有两个选择来打破这个两难的"第二十二条军规"。要么改变体制，要么绕过体制。从历史上看，创新者会倾向后者，选择隐身模式。[1]如果你曾经乘坐过伦敦的地铁，或者体验过任何现代地铁系统，你应该感谢哈里·贝克（Harry Beck）对体制的违抗。1934年以前，伦敦地铁地图真实反映了城市的实际布局。在地图上，市中心的车站紧紧挤在一起，而郊区车站间的距离则显示为长长的空白。这幅地图从技术上讲是准确而全面的，但几乎无法使用。上班族不喜欢这样的地图。

当时，在伦敦地铁信号办公室工作的制图员哈里·贝克有一个不同的创意。他利用业余时间起草了一份简化但实用的地图模型：通过水平线、垂直线和45度角线以及等间距的点表示车站和换乘点。他向管理层展示了地图。管理层对此说"不"，他们认为这"太具革命性了。"[2]

不过，贝克不接受否定的回答。他修改了地图，虽然遭到拒绝，但他将反馈吸收到了下一版的设计中。他认为，每一次尝试都是一次学习和改进设计的试验。

最终，他说服当局让乘客试用他的地图。第一次印刷的30万份地图在几天内就被抢购一空，很快又印刷出来100多万份。今天，他的标志性地图给世界各地地铁地图的制作带来了启发。

这个故事的寓意是：当公司要求提供证明时，有时为了开展试验，你不得不违背体制。这种模式在内部创新者中很常见。例如，3M的创新就反映了一个不服从的故事。当3M的市场营销人员阿瑟·弗里的便利贴创意遭拒绝时，他自己制作了一批便利贴，并分享给了公司的行政助理。

弗里最初认为便利贴可以用作纸质书签，但 3M 的行政助理们发现了这一发明的全新用途。他们在便利贴上写下提示，贴在办公桌边上；写下"在这里签名"，贴在需要老板签字的文件上。

如果弗里采用 PPE 方法，他的目标市场（书签）将太小而无法引起 3M 的兴趣。然而，他通过采用 ALB 方法，经过不断试验，发现了一个全新的市场。便利贴很快成为世界上最畅销的办公产品。即使在当今这个数字时代，便利贴的年销量也超过 500 亿张。

干中学

幸运的是，内部创新者的困境（要么不遵守公司规则，要么与官僚主义做斗争）已经开始改变。在过去的 5 ～ 10 年里，富有远见的公司开始意识到，证明创意可行性的方法会带来两个关键问题。

第一，它们认识到了一个无懈可击的逻辑：当一个创意很新颖时，证明其可行性的数据还不存在。有时你只需要行动和学习。例如，当惠普开发出第一台电子计算器时，市场研究表明，这项创新潜力不大，而且还要面对一个根深蒂固的竞争对手——计算尺，它更能以非常优惠的价格满足客户需求。不过，惠普领导层并没有寻找证据，而是决定采取行动。他们批准生产 1000 台计算器，只是为了看看市场反应。几年之内，惠普的计算器日销量达到 1000 台。[3]

第二，在快节奏的环境中，花时间分析的成本非常高。如果等待太久，可能会失去行动的机会。在麦肯锡，我们被教导寻求"80%解决方案"：一直分析到有 80% 的信心认为我们是对的。不过，前国务卿、退休四星上将科林·鲍威尔认为，在快速变化、不确定的环境中，期望 80% 的信心是不合理的，也是有风险的。他提倡"40-70规则"，一旦有足够的数据让你有 40% 的信心，就发挥直觉并采取行动。如果一直等到有 70% 的信心，那花的时间太长了。

80% 和 40%～70% 的信心之间的差异可能看起来很抽象，但其影响是深远的。50 年来，企业一直坚信，如果它们分析了所有的问题，就可以满怀信心地走向未来。在静态世界中，这是有道理的。在动态环境中，情况会发生变化。也许这就是一种新的方法广为流行的原因。该方法被冠以众所周知的精益、敏捷、Scrum 等各种名称，但它们的本质是一样的：在一个小试验中采取行动，学习并改进创意。

敏捷的兴起

无论称呼它为敏捷还是精益，这都是一个非常重要的概念，值得花一点时间去了解其起源。尽管许多人认为这个概念是新的，但其根源可以追溯到几十年前。可以将它看作以下三种概念的融合：适应性循环（而非线性过程）、以人为中心（而非以技术为中心）的设计，以及敏捷开发（而非"瀑布式"开发）。

适应性循环

20 世纪 70 年代中期，一位名叫约翰·博伊德（John Boyd）的战斗机飞行员提出了一种全新的作战方法。他认为，不应将战斗看作线性过程，而应视为与每个对手经历的"四阶段"循环——观察

（Observe）、调整（Orient）、决策（Decide）和行动（Act），然后从观察新决策产生的结果开始，再重复这一过程。

事实证明，这种"OODA 循环"不仅对军事战略的形成具有巨大影响力，还对包括企业战略、项目管理、运营和生产等商业领域都产生了广泛影响。事实上，我们现在所说的"精益"就来源于 OODA。

丰田的准时制生产是 OODA 循环的直接产物。"精益创业"方法的创始人史蒂夫·布兰克表示，虽然"客户开发模型（带有迭代循环或枢轴功能）对创业者来说可能听起来像是一个新创意，但它与被称为'OODA 循环'的美国作战策略有许多共同点"。Scrum 的创始人杰夫·萨瑟兰（Jeff Sutherland）说："Scrum 不是凭空想象出来的，而是来自战斗机和硬件制造业。"LinkedIn 创始人里德·霍夫曼（Reid Hoffman）说："在硅谷，决策过程中的 OODA 循环实际上是区分能否成功的重要因素。"[4]

OODA 循环也影响了公司的战略规划。伊恩·麦克米伦（Ian MacMillan）和丽塔·麦格拉思在 21 世纪的头 10 年提出的"发现驱动型规划"一词表明，企业可以跟踪反映策略构想的领先指标，以了解战略是否有效。比如，你不需要建立一个新业务，而是识别关键的不确定性因素，实施一个小型计划来跟踪这些不确定性因素，如果证明创意是好的，就加大投资力度。

以人为中心的设计

在丰田将 OODA 应用于持续改进的同时，建筑师和城市规划师正在接受十年前提出的一个概念——"满意度"（satisficing）（"满足"

（satisfy）和"足够"（suffice）的结合），该概念认为决策意味着探索可用的替代方案，直到达到可接受的阈值。你不是在寻找最优解决方案，而是在不断寻找足够好的解决方案。

这一想法标志着从科学到设计的转变。科学寻求真理，设计寻求解决方案。

在整个 20 世纪 80 年代和 90 年代，由于斯坦福大学的一些思想家（其中最著名的是 IDEO 的创始人大卫·凯利（David Kelley））的努力，这种对解决方案的探索产生了我们现在所说的设计思维，这是一种经过多次演变的基本方法。

设计师开始与用户合作开展设计：制作一些东西，让别人使用，然后看是否有效。他们开始让用户参与设计过程，即所谓的以用户为中心的设计。他们进一步发展了该方法来探索整个用户旅程，观察用户与他们设计的东西交互前后发生的事情。然后就是下一次演进——被称为以人为中心的设计，这就是我们如今所在的阶段。

我的父亲克劳斯·克里彭多夫（Klaus Krippendorff）是以人为中心的设计的主要倡导者之一。他曾经在乌尔姆学校接受培训，这是一所相对较新但极具影响力的德国设计学校，许多设计思维的根源都可以追溯到这所学校。他与志同道合的学者们认为，人们并不是与物体互动，而是与他们赋予这些物体的意义互动，因此对用户的情感体验富有同理心至关重要。他们还主张从更广泛的视角看问题：不仅要关注用户，还要关注利益相关者网络。

敏捷开发

20 世纪 90 年代中期到晚期，软件程序员开始放弃旧的"瀑布式"开发方法。在该方法中，程序员按照一系列工作流进行编程，一个工作流通往下一个工作流。相反，这些程序员采用了"敏捷"开发方法，将周期性的持续改进与以人为中心的设计结合。

简而言之，敏捷方法主要提倡持续的规划、试验和集成，通过开发、评估、批准的周期不断迭代，进入下一层次的开发，等等。这一方法很快从软件行业传播到各行各业，拥有了大量的追随者。

如果我们把适应性循环、以人为中心的设计和敏捷开发这三个概念放在一起，就会看到问题解决方法的关键基础要素，这些解决办法改变了我们对战略和创新的思考方式。这一影响已经从技术和科学领域扩展到了社会和治理领域，当然还有商业领域。

敏捷企业

直到最近，上述三个概念一直相对独立，分属于不同的、几乎不相关的领域（城市规划、战争、软件开发等）。这引起了一种误解，即认为敏捷方法只适用于创意产业和小型初创企业这些领域，而与大型公司的基本方向矛盾。然而，富有远见的商业领袖现在意识到，这种敏捷哲学颇具通用性和适用性，他们正在推动自己的公司找到拥抱它的方法。

包括通用电气、财捷（Intuit）、高通（Qualcomm）、富达投资（Fidelity Investments）和荷兰国际（ING）等在内的许多领先公司已经正式制定了开展业务的敏捷方法。

美国辉门公司（Federal-Mogul）是一家拥有 120 年历史的汽车零部件制造商，也是我们的客户之一，它能够有效地开展敏捷、精益或设计试验。辉门公司采用了本章建议的方法，重新考虑了客户公司的工程师如何参与设计过程。这种新方法（现已在全球范围内得到了实施）帮助辉门公司从竞争中脱颖而出。

有几个关键点需要再次强调。第一，不管你怎么称呼它，敏捷、精益或设计并不是一个新概念，它有着长达数十年的历史。

第二，它不仅针对新技术或新产品，还可以用来处理任何组织性或策略性的工作，比如制订新的慈善计划、定价结构、招聘方法，进行流程改进，以及处理营销信息，确定采购策略或汇报关系等。

第三，它不仅适用于初创公司。越来越多的大公司认识到这是一种制定战略的卓越方法，特别是在一个节奏更快、鼓励速度和试验的不确定世界中。埃里克·莱斯（Eric Ries）是史蒂夫·布兰克的学生，也是"精益创业"运动最有影响力的传播者之一，他现在已成功地将这种方法应用于众多大型的成熟公司。[5]

第四，不需要官方批准就可以开始使用这种方法。即使还没有正式获批开发一个新创意，你也可以开始以精益或敏捷的方式进行试验。

所有这些对内部创新者来说都是好消息，他们通常必须在公司正式的创新组织架构之外工作。花 40 万美元发布测试版很难获得批准，但花几千美元和几天时间开展一个完整的试验要容易得多。

在《创新者假说》[6]一书中，迈克尔·施拉格（Michael Schrage）主张通过小型团队协作（和竞争）来设计和实施对高层至关重要的商业试验。我在客户那里使用了这种方法，并取得了巨大成功。我召集成立了 5 人小组，让他们开展 5 项试验，每项试验给他们 5000 美元和 5 周时间（每周工作 2～3 天）。通过这种方式控制试验成本，你可以在没有正式获批的情况下开展试验；当然，这样做可以更容易获得批准。

设计敏捷试验

好吧，你可能在想："下一步是什么？我已经准备好做你所说的那种试验了，但我到底要做什么呢？"这是我们经常遇到的问题。大家想获得关于如何操作的可靠建议。我们不是从零开始发明东西，而是从已经起作用的方法出发。

我们知道，对初学者来说，大多数敏捷（精益）方法都包括四个试验周期。

- **故事板**　你可以在不花费任何经济成本的情况下，构建一些可以向潜在用户展示的东西，看看他们如何反应。
- **最小可行方案**（Minimum Viable Proposition，MVP）　可以提出一个部分解决方案（例如，一个功能有限的网站）并实际尝试推销该解决方案。这样可以更清楚地了解潜在客户的反应。
- **测试版**　投入更多资金来构建测试版产品，该产品具有更多功能，但仍然不是一个完整产品。
- **市场版**　最终确定解决方案，并推出公司可以支持的完整产品。

然后，我们列出几位顶尖专家的敏捷方法，并将其与成功内部创新者描述的路径进行对比。我们发现了惊人的相似之处，并将其整合成一个六步骤模型，它将帮助你以更低成本更快找到解决方案。你会看到该模型与约翰·博伊德的 OODA 循环相呼应，尽管顺序有所不同。

- 描述备选解决方案。（行动）
- 设计测试。（行动）
- 构建。（行动）
- 观察并收集数据。（观察）
- 得出结论。（调整）
- 转向或进化。（决策）

把这六个步骤看作对一个试验周期的概述。从每个周期中，你都会学到新的东西。如果你已经接近解决方案，也许你只需要一个周期。但更有可能的是，你需要多个周期。如果创意属于职权范围内，你也许能在所有四个周期中都遵循这一过程，每个周期六个步骤。不过，我们发现，在前两个周期之后，需要一个正式的商业案例才能获得批准，这种情况更为常见。

关键是要根据所花资金和时间对试验进行排序，这样就可以在开始时冒很少风险，尽可能多地学习。当你完成一个周期时，再决定是否扩大投资，并承担进入下一个周期的风险。然后，随着对创意的潜在价值有了更多信心，你就会在试验中增加资金投入。

让我们一起完成这六个步骤，如图 7-1 所示。记住，在这四个周期中，你可能会四次完成六个步骤。你可能会发现，在不同周期中某些步骤的细节看起来会有所不同。

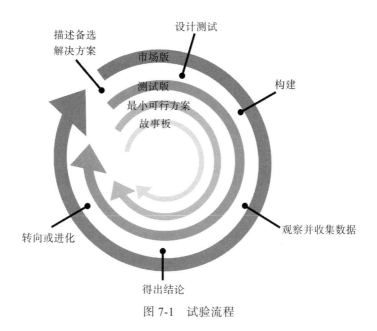

图 7-1　试验流程

第一步：描述备选解决方案

你的脑海里可能已经有了一个清晰的解决方案，但在你致力于这个愿景之前，最好先准备几个备选方案。如果你把一切都投入到一个解决方案上，结果发现它是有缺陷的，你将不得不从头开始。更糟糕的是，还浪费了宝贵的时间和金钱，而且很可能会失去公司的后续支持。通过同时测试多个解决方案，你可以在更短的时间内得到更优方案。

2010 年 1 月，普雷斯科特·洛根（Prescott Logan）辞去了通用电气传动系统技术部门的产品经理职务，开始担任储能部门的总经理。他和团队获得了一份经过深思熟虑的商业计划书，其中列出了该部门应聚焦的需求和解决方案。

在我们的框架的术语中，通常认为普雷斯科特团队推出的"市场版"产品已获批准，启动资金也得到了落实。下一步就是建立工厂，增加销售人员，正式开展业务。不过，他们很快意识到，该计划具有很大的不确定性。通用电气的电池技术有潜力改变行业，但这种潜力尚未经过测试。他们要冒险吗？

普雷斯科特听过史蒂夫·布兰克的演讲，他想知道史蒂夫的方法是否有帮助。于是，他立即给史蒂夫发了一封电子邮件请求帮助。史蒂夫最初有一些不情愿（他关注的重点是创业，而非企业创新），但最终还是同意了与普雷斯科特交谈。探讨精益（敏捷）思想在通用电气这样的大公司应用的前景吸引了史蒂夫，他同意提供帮助。

据我们所知，这是大型公司首次正式采用精益创业方法。事情的具体情况如下所述。

普雷斯科特最初的商业计划提出了一个关键假设：爱立信和艾默生电气等公司将为电池厂提供担保，以换取向其电信客户销售电池的权利。不过，事实证明，在电池的市场潜力得到证明之前，爱立信和艾默生电气都没有做好准备。

因此，在史蒂夫的指导下，普雷斯科特的团队决定退后一步，开展一些测试。他们最终测试了两种解决方案：一种是为数据中心提供备用电源的电池，另一种是为发展中国家农村地区的电信公司提供电池。

第二步：设计测试

解决方案的成功与否取决于一些假设能否成立。通用电气公司版本的精益方法 FastWorks 称这些假设为"信念的飞跃"。麦肯锡教导咨询顾问要专注于"什么必须是真的"才能使假设成立。因此，在与客户互动以测试概念之前，有必要与团队坐下来，就正在测试的解决方案中固有的假设进行头脑风暴。需要问一下："必须满足什么条件假设才成立？"或者，更具挑战性的是："我们假设什么是真的？"你会很快发现一些隐藏的假设。

例如，普雷斯科特建议寻找三类假设：[7]

- 定位　是否选择了采用你创意的目标客户？他们能获得购买许可吗？他们需要得到谁的批准？批准需要多长时间？他们愿意付多少钱？
- 产品　你能交付产品吗？技术上可行吗？生产成本是多少？
- 流程　内部流程是否支持该创意？会计和客户服务流程能否以适当的速度运行？

还记得上一章提到的 8P 吗？你会发现普雷斯科特建议寻找的三类假设集中在 3P 上。花时间浏览所有 P 是非常值得的，就像你在之前的价值阻碍因素练习中所做的那样，但这一次不仅要考虑内部的价值阻碍因素，还要考虑创意中固有的有关更广泛的市场的假设。然后选择最关键的一个开展测试。对于每个 P，确定你的创意依赖的关键假设（如果存在的话），决定使用什么标准来测试假设的有效性，并定义能表明该假设正确的"成功目标"。有了这种清晰的认识，你可以策略性地集中精力进行试验。

第三步：构建

接下来，你构建一些有形的东西，可以用来生成数据证明（或反驳）你的假设。为了尽量少花钱，可以从小处着手，或许从描述概念的故事板或文字叙述开始。你可以创建一个 PowerPoint 演示稿，其中包括向潜在客户传达产品功能的图像，或者设计一个营销手册的模型。如果你正在测试一个物理空间，你可以租一个房间并在里面放置家具。如果你有能力，可以使用 3D 打印创建产品模型，或使用从商店购买的零件构建原型。

现在你的办公桌上就有一个完美的例子——轨迹球鼠标。当从施乐获得电脑鼠标的创意和技术后，苹果公司就开始着手设计自己的鼠标。施乐的技术需要激光来跟踪鼠标的移动，这使鼠标对消费者来说过于昂贵。为寻找成本更低的替代品，苹果工程师提出一个创意——使用一个可以跟踪平面运动的球。他们本可以设计一个带有高科技球的鼠标，不过他们却先去药房买了一种滚珠止汗剂来制作模型。

值得注意的是，你只需在潜在买家面前放一个概念性的产品，询问他们的想法，就可以获取很多信息。当克莱斯勒的经理们正在讨论是否推出一款受欢迎的赛百灵（Sebring）轿车的敞篷版时，他们向首席执行官李·艾柯卡（Lee Iacocca）提议开展一项高成本的市场研究，包括开展焦点小组访谈和市场调查。李·艾柯卡建议团队先把现有的赛百灵轿车的棚顶去掉，然后开车四处看看人们的反应。

在第一阶段（图 7-1 中的"故事板"），普雷斯科特的团队收集了电池性能和规格的数据，包括充电速度、续航时间和成本。

当完成了故事板阶段后，就要制定一个最小可行方案（MVP）。在 MVP 阶段中，你将构建一些实际有效的东西，看是否能产生销量。

这里的关键词是"最小"。例如，你可以建立一个网站，它能够执行一些功能，但并非所有的功能。你可以编写一个程序，手动执行一些在未来的版本中将自动执行的操作。你可以找到一个合作者，让他现在做一些你最终可能会在公司内部完成的事。在通用电气，普雷斯科特的团队最终为发展中国家农村地区的电信公司生产了一些电池——但只是运行测试所需的电池。

史蒂夫·布兰克提出了 MVP 概念[8]（他使用的术语是"最小可行产品"（Mininum Viable Product）），他将其定义为提供用户购买所需的最低性能的产品。他认为这非常关键，因为它可以加快你的学习进度。

如果 MVP 被证明是成功的，在后续阶段你将创建一个具有更多功能的测试版产品。通过不断检验并改进测试版产品，然后可以正式推出市场版产品，准备上市。

在每个周期中保持低成本对内部创新者来说尤其重要，因为你希望在某些需要较少授权的范围内进行操作。我采访的几位内部创新者告诉我们，如果费用在 1 万美元以下，他们可以自行决定资助项目；一旦超过 1 万美元，他们就需要得到经理的批准。

幸运的是，由于新技术的发展和收集数据的日益便利，试验成本急剧下降。例如，里特维尔德建筑师事务所（Rietveld Architects LLP）在美国和欧洲都以设计创新、节能的住宅和商业空间而闻名。它的典型流程包括构建大量模型，每个模型的细节和规模都在增加，以帮助客户将其设计可视化。像大多数的建筑公司一样，该公司手工建造这些模型，这通常需要两名全职员工花两个月的时间。几年前，它买了一台 3D 打印机，如今只需一名员工花几个小时的时间就能生产出相同的模型。

同样，斯坦福大学生物工程学教授马努·普拉卡什（Manu

Prakash）设计了一种显微镜，任何人都可以用不到一美元的日常材料来制造。使用他的模板，贫穷国家的学校可以通过打印、切割和折叠的方式，制作供学生使用的显微镜。

我们的一位客户领导了一个IT团队，希望更改其内部客户发出请求的界面。在过去，他们会进入一个长达数月的流程——定义需求、构建、测试、试点和发布，但他们最后决定采用更敏捷的方法。他们建立了一个简单的网站，向IT工作者提供信息，这些IT工作者手动完成了缺失的任务。有了这个网站，他们就可以开始估算有多少内部客户想使用这样的系统、用它来做什么工作，以及他们向其他人推荐该系统的可能性，所有这些都在几天内而不是几个月就完成了，而且成本很低。

需要重大预算审批才能启动测试的日子已一去不复返。你可以通过一些门户网站挖掘价格合适的短期人才；通过一些网站的服务，让设计师以最低成本创建故事板和视频样本；使用3D打印制作硬币样品；通过阿里巴巴等平台进行小批量制造，成本只是五年前的一小部分。

第四步：观察并收集数据

下一步是走出办公室，把你构建的东西（故事板、最小可行方案或测试版产品）摆在主要的利益相关者面前，这些人包括用户、内部利益相关者、外部合作伙伴、影响购买过程的人，或者完成你在第三步设计的测试所需要的其他任何人。

例如，一家从事画框定制的厂商提出一个创意，即为画框店创建一个自助服务终端，从而使顾客可以看到作品在不同画框中呈现的状态。两类利益相关者非常关键：用户（购买画框的人）和画框店的店主。尽管已建立了自助服务终端和软件，但该厂商认识到，仅仅在商店安装自助服务终端会带来不必要的过高花费。相反，可以建立一个实体模型，在它举办的会议上展示给画框店的店主，并获得反馈。该厂商会问这些店主一些问题，比如"这个自助服务终端对你有什么用？"或者"你对在商店里安装自助服务终端有什么担心？"。对用户进行类似的低成本试验，可以更好地了解使用率和价格情况。

我们的目标是尽可能快速地、低成本地学习。

拿着故事板或 MVP 与潜在客户交谈，让他们描述对解决方案的需求，请他们概述何时何地以及为什么会出现这种需求，让他们带你了解从哪里、以什么方式找到潜在解决方案。询问他们比较各类解决方案的依据是什么，以及最终如何决定购买其中一个，或者（通常情况下）一个都不选的原因。

这种访谈对你来说是新的吗？这里有一个你可能会觉得有用的技巧。假装你在写剧本，这将是一个重要场景。场景的开头是，潜在买家与你的一位同事谈论着他们都意识到的问题。他们想出了几个解决方案，最终他们提到了你。买主请你进来聊天。现在，想象一下，尽可能逼真地想象一下，这场对话将如何进行。你想了解什么，接下来会发生什么？

在之后的周期中，当进一步开发解决方案时，你可能会想到其他的"探索者"故事。但就目前而言，根据你的采访，选择一个看起来最常见的故事。真正进入这个故事，了解客户所经历的一切：心理、感受、环境。

　　了解客户购买创意后的反应也非常有价值。可以将这种反应看作讲述他们使用你的产品或服务的故事。

　　一些模型分析和专家研究认为，这个故事最重要的两个部分是开始和结束部分——客户购买时的状态，以及他们需求满足时的状态。在这两者之间，你只需要注意到确定会发生的任何步骤。了解用户的起点和你的最终目标可能会给你带来一些改进解决方案的好主意。

　　在这一点上，你不需要了解得太详细，因为你可能对确切的产品或服务仍然没有把握。你要做的就是列出关键点，带领客户从做出购买决策走到最终成功解决问题。

第五步：得出结论

　　当你的团队观察和数据收集后，列出你所了解到的一切。保持开放的心态，把每件事都视为同等重要。这样可以减少信息偏差的风险——如果你抓住一个观点并夸大其结论，就可能会出现信息偏差。

　　与你的团队举行一次评审会议，查看一下数据，针对你正在测试的每个领域得出结论。将这些综合成一个总体结论，然后进入周期的最后一步：是转向还是进化。

　　以宝洁公司推出的风倍清（Febreze）为例。该产品采用的是能消除织物异味的尖端技术，但它使用了宝洁传统的上市方法，最终失败了，销量远低于预期。值得赞扬的是，为更好地了解情况，宝洁的团队开辟了一个新方向。他们从哈佛商学院聘请了一名研究员，走出办公室，与潜在用户交谈。

　　宝洁的团队了解到问题的关键在于定位。将风倍清描述为一种可以去除难闻气味的产品是不恰当的，因为生活在这些气味中的用户已习惯了，他们不再觉得这是一种困扰。例如，他们拜访了一位与九只猫住在一起的女人。尽管猫的恶臭令人难以忍受，但猫的主人几乎没有注意到。当人们认识到痛苦或需要通过创新的方式解决时，他们才会采用创新。潜在的风倍清用户根本没有意识到这种需要。

另一个重要启发来自菲尼克斯的一位女士，她说："这很好，你知道吗？当我在一个房间完成喷洒时，感觉就像是一个小小的庆祝活动。"

这让团队调整信息，在广告中增加女性（他们的核心客户）在清洁房间后喷洒并微笑庆祝的图像。通过对信息传递的微调（在 8P 框架中，这就是促销），没有对产品或流程或商业模式进行大幅调整，风倍清成为宝洁最成功的新发布产品之一。[9]

第六步：转向或进化

最后一步是决定转向（改变方向）还是进化（继续当前的道路，在改进的同时增加投资）。

商业史上到处都是在这一关键时刻做出令人惊讶决定的成功故事。

例如，脸书的"Like"按钮就是从一个成功试验中不断进化而来的。根据 2010 年统计数据，每 20 分钟就有超过 700 万人点击。然而，该项目起初是受批评的，因为它在近两年的时间里都没有获得马克·扎克伯格的批准。之后 3 名脸书员工——乔纳森·派因斯（Jonathan Pines）、贾里德·摩根斯顿（Jared Morgenstern）和索里奥·奎尔沃（Soleio Cuervo），接受了挑战。

脸书的最大担忧之一是，允许人们对页面按"Like"按钮可能会降低他们发表评论的兴趣，而评论数是衡量用户参与度的关键指标。于是，团队设计了一个试验，在数据科学家伊塔马尔·罗森（Itamar Rosenn）的帮助下，开展了一些测试，并跟踪了数据。他们发现"Like"按钮的存在实际上增加了评论数。最终，"Like"按钮获得批准，并被迅速提供给所有脸书用户。[10]

还有两个例子。一个是任天堂（Nintendo）著名的《马里奥兄弟》游戏，它是基于"转向"而诞生的。任天堂的一个开发团队专门围绕大力水手角色开发了一个游戏，但他们却失去了使用该角色的许可权，这让他们心烦意乱。于是，他们创造了一个新角色，取名为"马里奥"。《马里奥兄弟》系列游戏诞生了，它可以说是如今任天堂最重要的竞争优势来源之一。

箭牌也是一个"转向"的例子。19世纪90年代，一个名叫威廉·瑞格利的年轻人搬到了芝加哥，他在那里销售肥皂和小苏打。他想出了一个营销手段——每次成交时赠送口香糖。当实践证明口香糖比肥皂和小苏打更受欢迎时，他转身开始卖口香糖。如今，这家以他的姓氏命名的公司年收入超过50亿美元。[11]

当开始采取行动实施创意时，请遵循以下六个步骤。

- 描述潜在的解决方案，确保不止一个选择。
- 通过确定创意所依赖的关键假设来设计测试，确定可以使用什么指标来测试假设的有效性，并定义表明该假设合理的"成功目标"。
- 构建故事板、最小可行方案或测试版产品。

- 走出办公室，将故事板、最小可行方案或测试版产品放在主要利益相关者面前，观察他们的反应，并收集数据。
- 通过查看和综合数据，给正在测试的每个领域做出结论。
- 决定是转向（改变方向）还是进化（继续当前的道路）。

结束语

传统的创新方法包括一个完善的流程：编写商业计划，获得批准，提出解决方案，然后启动实施。

这一流程正在改变。即使在大型组织中，我们也看到这种正式的流程正在被以一系列试验为代表的方法所取代。"敏捷（精益）"不再是穿着牛仔裤的高科技企业家的专属领地。

如果你打算实施一个创意，这是非常好的消息。这意味着你可以从现在开始进行不需正式批准的小型低成本试验。你会发现新技术使你比以往任何时候都更容易进行小型试验。你还会发现，越来越多的人认识到，将项目分解成更小的增量（敏捷的本质）是有意义的，并且深受同事们的欢迎。

从试验中学习也变得更容易。你可以更轻松、快速、低成本地访问数据。例如，你可以在几分钟内测量网站点击率和平均评分，而不必等上几个月才能把原型投放到零售店。谷歌的消费者调查和建立在谷歌调查平台上的调查服务，让你可以花 2000 美元进行调查，而 5 年前的费用是 5 万美元。

总之，没有理由把赌注押在未经检验的信念上。正如《敏捷革命：提升个人创造力与企业效率的全新协作模式》(*Scrum: The Art of Doing Twice the Work in Half the Time*)一书的作者杰夫·萨瑟兰所建议的那样："不要猜测。计划，执行，判定，处理。计划你要做的事；开始去做这件事；判定它是否符合你的要求；采取行动，改变你做事的方式。"[12]

* * *

吉恩和她的团队决定，第一步是建立一个基本网站，模拟最终网站的样子，并将其展示给一群他们认为可能会吸引的具有代表性的受众。如果这些人喜欢，那么他们将建立一个功能更强大的网站。这将是他们能想到的判断作者和读者是否会接受该创意的成本最低的方法。

许多人对结果感到惊讶，吉恩·菲维尔却没有。

第 8 章

团队：打造敏捷团队

借鉴昨日，活在当下，憧憬明天。重要的是不要停止发问。

——阿尔伯特·爱因斯坦

吉恩深知她一个人无法做到。她还知道，除非先证明这个创意有潜力，否则公司不会给她一个团队。经典的"第二十二条军规"指出：没有团队就无法证明创意，在创意被证明之前无法组建团队。所以她决定举办一个比萨派对。

她给员工发了一封电子邮件，解释了"浪漫 2.0"理念，并邀请任何有兴趣参与的人在指定日期来到指定房间（那里会准备好比萨）。她说："如果只有两个人出现，我不会做这个项目。"如果有 7 个人出现，她会去做。那天，30 名麦克米伦志愿者挤满了房间。这些人不仅有编辑，还有来自市场、销售、会计和运营部门的人。他们喜爱言情小说，并且对有机会去做一些超出日常生活的新鲜事充满热情。

该小组成为一种影子组织。大家每三周见一次面，每次时间不超过一个小时。他们知道，如果会议时间过长，人们就不会来了。这些志愿者投入了额外时间来推进项目，每个人都有机会发言。他们谈了很多关于未来的发展前景，并决定学习《美国偶像》的模式——粉丝和公司对成败拥有发言权。

每次会议结束后，参与者都被分配后续任务。比如，三个人需要制定使命宣言，一些人要考虑建立类似网站的成本，还有一些人会与法律部门讨论相关问题。然后，这些小组自行开会，并向全体会议报告。

吉恩的老板乔恩没有参与这些会议。起初，他持怀疑态度。他担心这个项目会花很多钱，但他认为值得一试。他说，"当时有很多人支持这个项目"，而且到目前为止，该项目并未给公司带来额外的成本。"这些人没有在下午 5 点离开，而是在晚上 7 点离开。他们积极参与并获得授权，拥有了日常工作中没有的权力。"他们这样做，是因为这对他们来说非常有趣。销售人员要听编辑的意见，编辑人员要进行营销，乔恩解释道。

他们反复进行试验，每次迭代都会有一个新小组参与进来。在第一次试验中，他们建立了一个非常基本的网站，邀请了大约 20 名博客作者和青少年作家进行尝试。这些人都是言情迷，大家聚集在一个会议室里。"这相当于把人们从街上拉过来"，吉恩解释道。作为交换礼品卡的条件，在 Swoon Reads 团队的支持下，这个非正式的"焦点小组"尝试了网站的初始设计并给出了反馈。

第一次试验令人鼓舞，所以他们决定扩展到下一个阶段：公开发布测试版网站。

他们向网站开发公司发出了征求建议书，并挑选了一家花 15 万美元就可以建成网站的公司。不过，实际上花费的时间比预期更长，成本也更高。技术总费用大约 30 万美元，还需要一大笔营销支出。但那时，公司内部发展势头正在增强，团队也已经解决了许多问题。

2013 年 8 月，他们推出了测试版网站，距 2012 年 7 月 23 日第一次会议仅过了一年。吉恩以为网站一上线就会有 10 万篇稿件，但在最初的 6 个月里，网站只吸引到了 100 篇稿件。

当时他们本可以暂停该项目，但他们决定找出问题所在。结论是市场营销不足，用户分析不够。公司还没准备招聘一个全职人员从事营销和分析工作，因此他们安排了三名员工投入额外时间来做这件事。然后，网站上的稿件开始逐步积累起来。

他们开展了一个测试，让用户选择书的封面，结果发现读者非常喜欢这个机会。因此，他们举办了封面设计竞赛，并产生了巨大影响。

他们开始时以为提供电子阅读器很重要，这样用户就可以在平板电脑上进行评论。于是，他们通过开源软件构建了一个电子阅读器，但发现用户实际上更喜欢在电脑上阅读和编辑。

最终，项目变得越来越庞大，团队需要不断拓展。他们聘请劳伦·斯科贝尔（Lauren Scobell）担任 Swoon Reads 的全职项目经理，主管该项目。劳伦当时在一家数码公司担任产品经理，是一位热情的图书爱好者，一直努力寻求进入出版业的路径。通过与业内人士交流，她了解到 Swoon Reads 正在寻找一位像她一样拥有特定技能的人。在与吉恩面谈后，她接受了这一工作，并着手进一步开发平台。

劳伦很早就意识到，言情小说爱好者通常不认为自己是爱好者。劳伦解释道："你问某人是否读言情小说，他们经常会否认。然后，你问他们读过什么书，回答都是言情小说。"因此，Swoon Reads 进行了重新定位，将所有青少年小说都纳入其中，并重新设计了界面和外观。

* * *

你已经设计好了要开展的第一个试验。现在是采取行动的时候了，为此需要建立一个团队。

这会立即带来一些复杂情况，因为有利于创新的团队规范将不可避免地与组织中大部分现有规范发生冲突。这些规范是为效率、重复性和可靠性而设计的，而内部创新的规范则是为学习、适应性和灵活性而设计的。

通用电气前首席执行官杰克·韦尔奇在秘鲁的一次会议上向我这么描述了上述的挑战："你必须兑现短期承诺，同时制定长期战略和愿景。成功取决于两者兼顾，就像一边走路一边嚼口香糖。"

哈佛大学教授兼变革管理大师约翰·科特在其著作《变革加速器：构建灵活的战略以适应快速变化的世界》（*Accelerate：Building Strategic Agility for a Faster-Moving World*）中抨击了这一观点，并在《哈佛商业评论》的一篇相关文章中写道：

任何顺利度过了初创阶段的公司注重的都是优化效率而非提高战略敏捷性（即以快速行动和高度自信来把握机会、规避威胁的能力）。然而，我们对制定和实施战略的老方法感到失望。我们无法跟上变革的步伐，更不用说走在变革前面了。[1]

我采访过的内部创新者反复提到，组建团队是他们面临的最大的障碍之一。他们特别指出了四个关键挑战。

- **组建伟大团队**。建立一支完美的团队非常困难，因为正如我采访的一位内部创新者所说的："你想要最优秀的人才，但这很难。一方面，他们的主管不太可能让他们加入，因为他们非常有价值；另一方面，他们本人也害怕加入，因为担心在这样的风险项目上浪费时间可能会毁了自己的职业生涯。"

- **采取灵活角色**。最好的方式是组建角色灵活的跨职能团队，但这时公司已成为按不同专业分工的组织。正如杰夫·萨瑟兰所说："事实上，在一些最佳团队（比如丰田或 3M 团队，或者如今的谷歌、赛富时或亚马逊团队）中，没有出现这种角色分离。"

- **实行快速运营**。当团队以快节奏运行，每天或者每隔一段时间检查一下时，将达到最佳运行效果，但是公司会迈着更谨慎的步伐前进。

- **有效管理期望**。成熟公司更熟悉"证明—计划—执行"模式（见第 7 章），在启动创新之前要弄清所有细节。与此不同，你和团队可能需要树立"行动—学习—构建"理念：先解决一个问题，从中学习，再解决下一个问题，不断重复迭代，计划和执行之间的界限更加模糊。早期，你的目标是学习；之后，你的目标是交付成果。这会带来一个问题，也就是如果你的公司与大多数公司一样，管理层就不知道如何在早期阶段评估内部创新的进展情况。

不过，这里有个好消息：这些问题是可以克服的。事实上，世界上许多最重要的创新都归功于小型创业团队，这些团队吸引了优秀参与者、采用灵活角色、快速发展并能够管理期望。可以看看Redbox 的例子。

持续进化的 Redbox 团队

2002 年，麦当劳战略与开发团队的经理格雷格·卡普兰（Greg Kaplan）提出了一个创意。他正在探索如何为顾客访问麦当劳商店找一个额外理由，这将增加客流量，并可能带来更多的汉堡包销量。于是他做了一个试验。

他在华盛顿市区放置了 15 个自动售货亭，其中 4 个售货亭出售牛奶、鸡蛋和三明治等杂货，其他 11 个售货亭出租 DVD。杂货亭虽然更接近麦当劳的核心业务，却失败了。然而，DVD 售货亭却被证明很有前景。因此，麦当劳决定通过第二个试验来扩展该计划。它在拉斯维加斯的餐厅放了 6 个 DVD 售货亭，在华盛顿的餐厅里放了更多，在接下来的两年里，又在丹佛地区放置了 100 个售货亭来扩展试验。

2003 年，麦当劳意识到需要为 Redbox 团队注入更多的创业思维，于是聘请了奈飞联合创始人米奇·洛威（Mitch Lowe）。他曾于1982 年尝试过类似业务，创办了一家名为 Video Droid 的电影销售公司，但未能成功。洛威先是作为顾问加入麦当劳，后来成为采购和运营副总裁，并于 2005 年担任首席运营官。2009 年，他接替格雷担任 Redbox 总裁。

作为采购和运营副总裁，洛威首先专注于概念验证、测试和学习。然后，随着团队试图回答的问题从学习转向执行，他们意识到他们需要售货亭运营的专业知识，因此他们与售货亭运营商 Coinstar 合作，向其出售了 Redbox 公司 47.3% 的股份。

洛威的团队意识到他们不能放慢脚步。如果行动慢了，Blockbuster 就可能有时间模仿这个项目。凭借更强势的 DVD 品牌、长期深耕的行业关系和大量库存，Blockbuster 可以轻松打败 Redbox。他们还面临来自一家名为 New Release 公司的直接竞争，2007 年该公司有 2000 个销售点，主要是杂货店外的售货亭。

Redbox 团队很快认识到，如果要生存下去，就不能仅仅在餐厅创造客流量。因此，在与 Coinstar 签署协议后的几个月内，他们将目光投向了在超市放置 DVD 售货亭的机会。他们与 Giant Food 和 Stop & Shop 杂货连锁店签署了协议，然后在第二年又与 Giant Eagle、Albertsons、SuperValu 以及另外 6 家小型连锁超市签署了协议。到 2007 年，麦当劳的售货亭数量增加了两倍多，达到 3000 家，超过了 New Release 公司。

得益于由卡普兰引入并由洛威改进的专注、快节奏创业方法，以及格雷格·韦林（Greg Waring）积极的营销活动，仅在 30 个月内，公司的售货亭从 100 个增至 4500 个，销售量从 300 万美元增至 3000 万美元。

团队的学习和适应速度使 Redbox 超越了竞争对手，挑战了行业主导者 Blockbuster 的地位（它最终在奈飞和 Redbox 的双重威胁下破产），并超越了 New Release 公司（它最终于 2012 年将售货亭业务出售给了 Redbox）。2012 年 Redbox 的售货点增至 43 700 个，达到历史峰值。[2]

人们很容易认为，这种形式的团队合作适用于像 Redbox 这样的新产品、新服务。在这些产品和服务中，人们拥有自主权，但这对于内部创新则不太适用。不过，即便如此，快节奏、充满活力的团队也会带来回报。让我们来看看唐·黑斯廷斯（Don Hastings）的例子。

释放猎豹

和林肯电气公司的大多数经理一样，唐·黑斯廷斯感到紧张不安。作为一家向大型制造商销售机械的国际企业集团，林肯电气面临 40% 的销量暴跌。如果像大多数公司一样，它会解雇员工，缩小规模，减少亏损。然而，林肯电气因其独特的终身雇佣政策而倍感自豪。在林肯电气，只要你表现出色，就会拥有终身工作，这项政策是公司文化、战略和宗旨的核心。

投资者向董事会施压，要求放弃这项政策，否则林肯电气怎么在亏损中幸存下来呢？对许多人来说，这样做意味着放弃公司的灵魂，但还能做什么呢？

黑斯廷斯一生都在困境中寻求创新。他告诉我，解雇工人的想法"不适合我"，因此他决定另谋出路。他认为公司面临的财务危机本质上是人员配置问题。由于销售额下降，公司生产人员太多，销售人员太少。因此，他想出了一个非常明智的计划，就是建立一个新的销售团队，团队成员完全从生产人员中招聘。

他建议从生产车间招募志愿者，训练他们销售专门为新市场开发的新机器。这看起来与传统相悖，主要原因有二。第一，人们普遍认为生产车间的员工缺乏销售人员的性格特质和销售技能。第二，新机器的市场潜力未经测试。林肯电气公司通常向大型制造厂出售机器，而这种新机器要卖给小作坊。

黑斯廷斯获得了足够的内部支持来尝试推行该项目。他是通过采取本章中介绍的一些特色做法实现这一目标的。他让人们专注于一项他们都关心的使命——拯救公司和保住工作。他给这个计划起了一个令人难忘的名字——"猎豹"，象征着生产车间的工人将改变自己，成为销售人员。

黑斯廷斯发出了招募志愿者的请求，希望有 50 人报名，最终 100 多名志愿者参加。就连他的女儿莱斯利（当时她正在该公司实习）也报了名。最后，公司接受了 68 名志愿者，并对他们进行了销售和产品培训。几周之内，公司就打造了一支 68 人的新销售团队，准备上路寻找新客户。

为了让"猎豹"把新产品卖出去，黑斯廷斯还必须获得区域销售经理的信任，"猎豹"要向这些经理汇报销售情况。他把"猎豹"放在销售经理希望的任何地方。68 名新销售人员很快遍布了"从加利福尼亚州到缅因州"的全美范围，向小生产作坊推销产品。回到总部后，他们定期举行会议，分享反馈意见，并将其吸收到计划中。

该计划成功了，不仅创造了新的收入，降低了生产成本，而且保住了人们的工作机会，甚至说他拯救了公司也不过分。在推动了一系列类似的创新计划之后，黑斯廷斯最终被任命为公司的首席执行官。[3]

七步打造高效团队

随着越来越多的组织面临激活内部创新团队的挑战，许多新的解决方案出现了。在附录 C 中，我描述了最流行的方案。我们已经和客户一起尝试了其中几个，研究了公司落实方案所做的工作，并观察了成功的创新团队（如 Redbox 和猎豹项目团队）采取的模式。根据这些经验，我们确定了从内部建立有效创新团队的七个关键步骤。

- 消除组织摩擦。
- 组建跨职能团队。
- 聚焦一个重要目标。
- 使用指标和数据跟踪最重要的事。
- 建立每个人都可以看到的记分牌。
- 建立快速节奏。
- 产生正向速度。

第一步：消除组织摩擦

第一步是诊断你所在组织的环境会给团队带来哪些问题。每个组织都是独一无二的。有些组织面临多重挑战，有些组织没有这些困扰。仔细想想每一个方面，然后评估可能出现的问题，以便可以提前解决。

资源　希捷科技公司创始人阿兰·舒加特在描述创业面临的挑战时曾写道："现金比你的母亲更重要。"为了让创意站稳脚跟，你需要确保拥有必要的资源，你需要现金和时间。

在沃顿商学院教授乔治·戴伊调查的经理中，只有 11% 的人表示，公司会围绕战略优先事项提供成功所需的资源保障。[4]内部创新者面临的资金挑战不仅是获得预算，还要得到内部支持，以确保这种资助可以持续下去（我们将在下一章对此进行更深入的探讨）。如果主要支持者调整岗位，对创新的过高期望难以满足，或者从事的工作令人兴奋的"新鲜感"减弱，那么未来的资金可能会枯竭。Redbox 最初由麦当劳风险投资公司（McDonald's Ventures LLC）资助，后来通过与 Coinstar 的合作获得了新的资金来源。

时间是另一个重要资源。获准将 20% 的时间用于项目听起来很棒，但实际上这通常意味着你将额外承担 20% 的任务。你不仅要完成之前所承担的工作，而且还要把夜晚和周末的时间花在你钟爱的项目上。

- 是否获得了所需资金？
- 以后会不会有撤资的风险？
- 组织会给你和你的团队提供所需的时间或自由吗？

奖励和期望　因为熟悉的核心业务管理活动比创造性的创新活动更好衡量，所以更容易获得奖励。因此，对你和团队的激励可能会鼓励你专注于核心业务，而不是创新。不切实际的期望也被证明是内部创新的主要障碍之一。公司习惯了注重规模化运营，会希望比正常情况更快地实现更高的目标。

- 团队的激励结构是否会促进快速增长？
- 组织的期望是否可以实现？

冒险　高层领导告诉你失败没关系是一回事，给失败的人升职或者提供第二次机会则是另一回事。寻找过去在创新项目中失败的人，看看他经历了什么。由此，你将开始探索组织文化对团队成功的潜在限制。[5]

- 失败（真的）是一个可以接受的选择吗？

高层领导支持 我采访的一位内部创新者警告不要将"没有'不'解释为'是'"。高层领导可能会说他们支持你，但他们到底有多大的决心支持你呢？支持你的领导者是否支持过其他创新项目？他们是否在艰难时期继续给予支持？如果做到这一点，可以帮助你避免许多内部创新者称之为"支持钟摆"的状况。最初，你似乎很享受公司的全力支持，但后来随着公司兴趣减弱或重点转移，你发现自己没有获得支持。

- 领导的支持是否真实可靠？
- 具体来说，你可以指望获得谁的持续支持？
- 你能做些什么来确保你获得长久的支持？

组织自由度 根据对 250 多家公司 8000 名经理的研究，85% 的受访者表示他们可以依赖老板，84% 的受访者表示他们可以依赖直接下属，但只有 59% 的受访者表示他们可以依赖其他部门的同事。在同一项研究中，只有 30% 的经理表示公司围绕战略实施可以有效地进行跨部门资金转移，只有 20% 的经理表示公司在人员转移方面也可以同样如此。[6]实现跨部门和跨孤岛合作一直是很困难的事，如果创新需要专业知识、人才以及公司各权力中心的支持，那么必须确保建立关系和承诺来推动跨部门合作。

- 在现有部门之外，还需要哪些合作、人才、专业知识或其他支持？
- 是否获得了所需支持，以确保你可以依赖这种支持？

第二步：组建跨职能团队

一小群意志坚定的人，怀抱着对使命的不可动摇的信念，就可以改变历史进程。

——莫罕达斯·甘地

约翰·科特谈到了建立"指导联盟"和招募支持者"志愿军"的重要性，这些支持者能带来内部创新所需的技能和关系。为了实施"Scrum"，需组建一个团队，由领导流程的"Scrum专家"和对计划负主要责任的"产品负责人"组成，两者都有拥有特定专业知识的团队支持。一些创新团队运用维基、远程呈现、社交协作和虚拟现实等工具，让分散在组织中的员工更容易协作，从而为共同的事业做出有效贡献。这样做可以汇聚众人之力，实现内部员工按需定制，类似的例子有Upwork（针对自由职业者）、99designs（针对设计师）和Marketeeria（针对营销和公关人才）。

建立合适团队的"炼金术"是什么？许多研究为我们提供了一些基于事实的指导，指出了一系列潜在特征。最重要的因素有以下五方面。

- **职能背景差异（或与工作相关的多样性）** 成员职能背景越多元，团队创新性就越强。你不想要一个主要由营销人员、工程师或销售人员构成的团队，而是需要来自不同领域的代表。许多创新团队的组建是从公司现有职能出发的，我曾合作过的一家保险公司，他们的团队由精算师、销售人员、合规专家、营销专家和人力资源专家构成，但这是错误的做法。加速的竞争环境需要我们反向而行，杰夫·贝佐斯称之为"逆向法"。想象一下未来为了满足客户需求，要拥有什么样的技术和能力，并确保它们能及时到位。这家保险公司真正需要的是消费者数据分析（相对于精算）和并购经验，从而建立新的合作关系。

- **平均受教育程度** 团队受教育程度越高，即受正规教育程度越高（似乎非正规教育也很重要，但更难衡量，所以我发现没有任何研究可验证非正式教育的重要性），创新能力越强。在选择团队成员时，不要只看经验的多样性，还要看整体受教育程度。我采访过的一些研究人员和创新者认为，真正重要的是拥有热爱学习的人——在团队中建立一种学习文化，更高的受教育程度是一个容易衡量的指标。

- **任期** 一般来说，成员任期越短，他们引入创新的效率就越高。这可能是因为，他们在公司待的时间越少，接受的教条就越少。他们要忘记的历史更少，这给了他们更大的自由去追求新事物。有趣的是，年龄对团队创新性的影响较小。与其拥有一个年轻团队，不如拥有一个将专业知识与拒绝墨守成规（从初学者的心态出发）的意愿罕见地结合在一起的团队。

- **团队规模** 规模较大的团队往往会产出更多创新，但这是有限度的。研究表明，在特定范围内，团队规模越大，创新越多。不过，规模太大的团队很难创新。贝佐斯提出了著名的

"两个比萨原则"——如果两个比萨不能喂饱一个团队，就表明这个团队太大了。各类研究都试图确定合适的团队规模。创新水平在团队规模多大时会达到顶峰？总体看，这些研究一致认为，理想的团队规模为 5 ～ 10 人。

- **目标互赖性**　当团队成员被一个共同的目标、使命或愿景驱动时，他们往往更富有创新精神。他们会受到鼓舞并有动力完成重要的事情，赋予工作更大的意义。然而，他们也要明白，他们不可能独自完成任务，成功取决于他人，这有助于建立良好的团队合作关系。我们将在下一步对此进行更多讨论。

平衡这些因素需要进行一些调整。有些因素是互相冲突的。例如，职能背景差异大（或多样性高）会导致更大规模的团队，但是理想的团队规模不超过 10 人。最终，团队应该具备适合的职能背景组合，并且纳入热爱学习（受教育程度）、不受教条约束、具有令人信服的共同目标的成员。

在一个令人惊讶的观察中，我们发现，内部创业团队推动创新从概念走向市场的神话与实际不符。在试验周期的每次迭代中，创新团队会随时间推移不断发展。当团队有了新发现、新设计，其对专业知识的需求也会改变，于是新人加入，老成员交出接力棒。

第三步：聚焦一个重要目标

在生活中，就像在足球场上一样，除非你知道球门柱在哪里，否则不会走得太远。

——阿诺尔德·H.格拉佐

4DX 是克里斯·麦克切斯尼（Chris McChesney）、肖恩·柯维（Sean Covey）和吉姆·霍林（Jim Huling）在他们的书中介绍的一种流行的团队方法，[7]强调专注于"极其重要的目标"。几乎每一个有效的创新团队模式都把设立一个简单易理解、可实现的目标作为重中之重。

研究表明，一旦建立了一个多元化团队，团队的有效性将在很大程度上取决于是否拥有共同目标。有趣的是，当组织成员多样性低时，共同愿景对绩效影响很小。然而，拥有一个多元化团队时，缺乏共同愿景会导致功能障碍。人们开始为分歧争吵，而不是围绕共同目标团结起来。[8]因此，如果要按照第二个步骤组建一个跨职能团队，那么确立一个共同使命就变得更加重要。

让团队一次只关注一部分目标也同样重要。例如，在 Scrum 方法中，每周只关注一个（或几个）优先事项。成功的增长团队也是由专注力驱动的。Coelevate 创始人、Reforge 创始人兼首席执行官布赖恩·巴尔弗（Brian Balfour）是"增长团队"这一流行创新团队方法的主要支持者之一，他是这样说的：

在我的职业生涯中，曾多次随意给出（并听到）"你需要专注"的建议。表面上我一直接受该建议，但直到最近我才真正理解它。专注是增长方法的重要组成部分，也是我构建增长机器的方式。

"专注"经常被误解。"专注"不是目光短浅，而是要从更广泛的视角理解当下所做之事，洞悉背后的原因。"专注"也不意味着要长期坚持做同一件事。实现伟大目标需要根据经验教训进行快速迭代和改变……也许对"专注"的最好解释就是缩小、放大、缩小。

有些人喜欢同时做很多事情，但这是例外而非常规。很多创业者天生就如此，这些人所犯的错误是，他们认为自身不靠专注实现了成长，他们的公司或组织也会如此。[9]

赛富时的创始人马克·贝尼奥夫（Marc Benioff）提出了一个特别有效的框架，可以帮助团队实现目标。马克声称赛富时的成功（在不到 10 年里，尽管面临来自更大的软件公司的竞争，公司收入增长却超过 10 亿美元，在写本书时公司收入已超过 100 亿美元）都归功于他开发的一个被称为 V2MOM 的"秘密管理流程"[10]。这个缩写词的意思是：

- 愿景（Vision）：希望计划达到的效果。
- 价值（Value）：实现这一愿景的重要性。
- 指标（Metrics）：哪些指标表明已实现了愿景。
- 障碍（Obstacles）：需要克服哪些障碍。
- 措施（Measures）：必须采取什么行动。

这是我们发现的效果最好的方法。你和团队可以坐下来，花 2 ～ 3 个小时填写一个 V2MOM 模板。基本流程如下所述：

- **愿景** 讨论实现奋斗目标时会是什么样子。想想 3 ～ 5 年后，描述你会产生什么影响、人们会如何评价，以及获得成功时感觉如何。这将有助于澄清你的计划是什么，而不是什么。这会让团队成员对你所做之事的认知脱节浮出水面。如果跳过这一步，很可能会发现人们实际上在愿景方面略有不同。他们会在想做什么、采取什么行动方面开始出现分歧。愿景讨论预防了这一点，有助于确保团队采取的所有行动都朝着一个方向、一个目标和一个愿景。

- **价值** 展开一场对话，讨论为什么这个创意有价值。这是一种让团队坚信"这很重要"的方法。想一想为什么该创意对公司很重要，为什么对每个人很重要，为什么对世界很重要。你将改变世界，为什么世界会从你带来的改变中获益？如果跳过这一步，你会发现当计划开始遇到障碍时，团队缺乏坚持到底的信念和热情。

- **指标** 明确需要达到哪些可测量的结果才能让你感觉到已实现愿景。如果想成为一种产品或服务的领先提供商，你可以这样精确定义：拥有最大的市场份额，在特定行业排名第一，收入比其他任何人都多，等等。明确将如何衡量愿景的每个要素，这有助于为团队提供清晰信号，不会有模糊的、自我感觉良好的、自我鼓励的奖励，你会毫无疑问地知道自己是否成功了。如果错过了这一步，你会发现团队缺乏责任感，因为他们追求的东西是模糊的。设置的指标不要超过 3 个。

- **障碍** 确定面临的主要障碍，并列出优先级。在障碍出现之前就讨论并定义它们非常必要，因为这样一来，当团队遇到障碍时，大家不会把这些障碍归因为你的创意有缺陷。相反，他们会想，"这正是我们认为会发生的事情"，因此，他们会觉得自己必然走在了正确的道路上。列出 3 ~ 5 个最重要的障碍。

- **措施** 这实际上是指行动或活动。你要分解现在应该关注的事情，这些事情将让你能够最有效、最快速地推进你的创意。这会让你的团队专注于现在应该从事的 20% 的活动，它们能产生 80% 的成果。

一个团队的"V2MOM"流程是这样的：让每个人围绕一个令人信服的、重要的共同目标，让团队清楚何为成功（愿景和指标），认同实现目标的重要性（价值），预测将要面临的主要障碍，并准备好立即采取最重要的行动（措施）来推进。

第四步：使用指标和数据跟踪最重要的事

> 光忙碌是不够的，蚂蚁也很忙碌。问题是：我们在忙什么？
>
> ——亨利·大卫·梭罗

V2MOM 中的"措施"明确了团队实现愿景应做的最重要之事。下一步是针对每项措施设置指标，分配给团队成员，并开始使用可靠的数据跟踪进度。

如今，每一种创新方法都提倡通过指标和数据跟踪最重要的事。例如，谷歌采用了"目标和关键成果"方法，它提供了可分析的数据，因而特别符合谷歌的理念。例如，像"改变用户体验"这样的定性目标由 3 ～ 4 个可测量的"关键目标"定义，如"采访 10 位用户以确定最重要的痛点"和"列出用户设计中 20 个最佳实践"。还可能有一些结果指标，比如"被调查用户的客户满意度达到 9 分"。团队成员每周都会更新分数。如果采访了 2 位用户，他们会得到 20% 的分数，以此类推。每周都收集数据并更新记分板，然后就可以分析丰富的历史数据。

巴尔弗说，增长团队的关键指导原则之一应该是"数学和指标不会撒谎，但并不能告诉我们一切"。Scrum 创建者杰夫·萨瑟兰认为，一个关键的突破是衡量"速度"。团队工作的每个项目都必须独立于其他项目，并且可操作。然后，给"完成"下个定义，以便团队可以实际衡量何时"完成"。"速度"则用来衡量任务完成有多快。

在设置指标时，请牢记三个额外原则。

- **区别引领性与滞后性指标**。4DX 强调采取引领性指标而不是滞后性指标的重要性。引领性指标是团队可以施加直接影响的指标，滞后性指标是引领性指标的结果。你的车多久出一次故障是滞后性指标，你多久保养一次汽车并更换一次机油是引领性指标。如果团队聚焦在只能施加间接影响的滞后性指标上，那么可能会感到绝望，或者至少缺乏专注。"嗯，有太多原因导致汽车抛锚，我们无法控制。"此外，你的创新绩效往往会受到无法控制的因素影响，收入可能会受到其他产品性能的影响，成本可能会受到如何在公司内部将成本分配给其他部门和项目的严重影响。我们需要专注于团队能够控制的事情。

- **分解成独立部分**。将工作进一步分解细化也是有帮助的。当演员威尔·史密斯还是个小男孩时，父亲让他和他的兄弟建了一堵巨大的墙，这花了好几年时间。史密斯从那次经历中收获的，也是他认为父亲想教给他的是，承担一个大项目要将其分解成几个部分，然后"一次一块砖"地完成它们。类似地，现在你将团队大目标分解成几个部分，每次选择一个，然后让团队专注该目标。如果各部分相互依赖，你就会发现面对的是一堆相互连接的砖块，这个砖块太大了，让人无法迅速采取行动。因此，要确保你在这个周期中追求的每个目标都可独立于其他目标来实现。

- **不仅关注结果，更重视学习。**用于管理核心业务的传统关键
  绩效指标目前可能不适合你的团队。公司库存周转、客户拜
  访等关键绩效指标旨在管理结果或成果。然而，创新的结果
  通常难以预测。在这个试验阶段，要专注于能帮助团队学习
  和适应的事情。

第五步：建立每个人都可以看到的记分牌

杰夫·萨瑟兰开发 Scrum 方法，试图识别和系统梳理确保团队
高效的措施。他发现，最重要的因素之一是对团队进度进行可视化
显示，并且不断更新。杰夫使用的是一个带便签的白板（世界各地
Scrum 团队仍在使用此工具），上面显示了正在处理的任务、已取得
的进展、已完成的工作以及待办事项。

人们普遍认为，创新团队的每个成员应始终知道团队的当前得
分。你可以通过每周或每天更新的记分板了解信息，通过实时更新
分数更频繁掌握情况。例如，捷蓝航空（Jet Blue）在纽约的控制室
看起来像间谍影片中的场景，通过屏幕跟踪航班、天气和延误信息，
团队可以立即响应变化。沃尔玛按最小存货单位（SKU）近乎实时地
跟踪销售情况，如果你是某件特定服装的设计师，你就可以查看它
每天、每小时的销售进度。

谷歌将记分牌向前推进了一步。每个员工都可通过内部网站看
到其他员工的 OKR。由于员工自己设定 OKR，这成了建立问责制的
一种有力方式。你可以说，"这是你能指望我做的"。这让人们理解
了 OKR 的相互依赖关系。他们可以知道谁要依靠他们实现目标，并
及时跟踪他们成功所依靠对象的进展状态。记住"目标互赖性"是
高绩效创新团队最重要的决定因素之一。

第六步：建立快速节奏

我在哥伦比亚一个海滨别墅外写下了这一章的大部分内容，当时正值奥运会期间。头顶棕榈树的沙沙声和海风的声音并没有分散我的注意力。但这次"写作静修"也恰逢美国女足与哥伦比亚女足赛事，我不断透过纱窗抬头看比分。每隔几分钟就看一次其实没有什么意义，我知道了分数其实对结果没有任何影响。然而，我忍不住去看。

这就是游戏的本质，即让我们想要参与其中。沃顿商学院教授凯文·韦巴赫一直在研究到底是什么让游戏如此吸引人，他的研究领域——游戏化——有助于解释许多最繁荣的企业、运动、产品和团队成功的原因。在前面的步骤中，你已经确立了一个重要的游戏化原则——创建一个每个人都可看到的分数。现在你需要落实另一个原则：明确阶段性的工作节奏，以建立参与度和期待感。

大多数业务领域中常见的季度工作节奏不会产生你期望的参与度。相反，至少每周回顾一次，最好每天一次。维恩·哈尼什（Verne Harnish）是《指数级增长》（Scaling Up）一书的作者、Gazelles 的创始人，也是全世界超过 4 万家增长型企业所使用的业务增长方法的创造者。他提倡"每日碰头会"，持续时间不超过 30 分钟，在这种碰头会中，团队成员站着而不是坐着查看数据，讨论当天的优先事项。

让团队每周或每天回顾，以实现下面的目标：

- 更新记分板指标。
- 查看分数。
- 评估你是赢还是输。

- 吸取教训。

- 进行调整。

- 清除堵塞物。

让我们来认识一下精选国际酒店（Choice Hotels）的总裁兼首席执行官帕特·帕西奥斯（Pat Pacious）。他离开一家大型咨询公司后加入了该酒店，这是一家增长最快、最具创新力的酒店之一，也是世界第二大连锁酒店。[11] 精选国际酒店在 75 年来创造了许多行业第一，包括每个房间有一部电话、24 小时前台服务、担保预订和品牌细分。该公司延续了这一创新传统，开发了首款全球酒店 iPhone 应用程序、首款基于互联网的物业管理系统、一个被广泛复制的软品牌概念，以及独特的度假租赁新模式。

虽然精选国际酒店是最大的连锁酒店之一，但与帕西奥斯过去的咨询客户相比，它的规模较小，因为它采取的是特许经营，而不是自己经营。精选国际酒店恰好在一个最佳位置——小到足以实施更快节奏的创新变革，大到足以实现大规模变革，帕西奥斯决定建立一个实施创新的团队。我正好有机会和他谈谈他是怎么做到的。[12]

他首先成立了一个战略回顾小组，每个月都会开会——比常见的季度日程安排节奏更快，并灌输高效率观念，以确保这些会议不会占用太多时间。

首先，战略团队定义了一个共同目标。在那之后，每次会议都以重复这个目标开始，以确保他们不会忽视重要的东西。许多公司使用一种框架，在这种框架下，会议总是以讨论会议目标开始，但帕西奥斯避免了这种情况，因为他认为这种框架过于狭隘，只关注任务和会议本身，让人难以从大局出发考虑问题。

然后，帕西奥斯采取了极端方法来粉碎孤岛。他取消了单独召开部门会议的做法，转而选择将来自每个团体或部门的代表整合到更广泛的战略会议中，并在利益相关者之间建立相互依存关系。例如，在讨论客户旅程之类的问题时，决策者可以看到每个部门必须如何考虑这个问题，更加注重大局。以前，他们只了解自己的角色，因为他们只与自己的团队见面。

最后，他在每次会议上都强调了三个关键准则：

- 问愚蠢的问题（这没关系）。
- 坚持手头的议程（不要偏离方向）。
- 可以说"我没有什么新鲜事要报告"（这不会让你被贴上懒鬼的标签）。

帕西奥斯说，经过大约六个月的反复尝试，才让每个人都参与了进来，但在半年多一点的时间（两个财政季度）里，他的团队比他上任前运作得更有效了。公司收入在增加，目标正在实现，大家更理解彼此的工作，决策者之间的摩擦减少。

第七步：产生正向速度

最后一步是确保产生一种积极的、充满力量的动力感。我们都参加过令人生畏的汇报会，因为落后了就要被经理和同事责骂。当工作回顾变成每周一次的"为什么你还没有交付"的对话时，会破坏团队的动力、创新性和热情。记住，愿意接受失败是创新最重要的驱动力之一。这就是为什么在谷歌的 OKR 框架中，个人和团队的目标是 80% 而不是 100%。要求达到 100% 的目标会挫伤团队成员的积极性（他们很少会达到完美），并导致他们设定不那么积极的目标。

创造并庆祝短期胜利也很重要。这给人们一种进步感和成就感，从而建立信心。这还向团队外的人发出信号，表明这项工作正取得成功。所有这些都让员工更兴奋和投入，从而使团队更可能获得成功。

总结：通过以下七个步骤为你的创新理念建立一个有效团队。

- **消除组织摩擦。**了解组织摩擦的五个关键方面（资源、奖励和期望、冒险、高层领导支持以及组织自由度），并确定你必须做什么来解决（或至少预测）每一个问题。
- **组建跨职能团队。**组建一个由 5 ～ 10 人组成的团队，他们具有适当的职能背景组合，他们是学习者（受教育程度高），不受公认教条的约束（任期短）。
- **聚焦一个重要目标。**完成一个 V2MOM，让团队热情支持一个令人信服的共同愿景，了解什么是获胜的具体条件以及你将面临什么障碍。
- **使用指标和数据来跟踪最重要的事。**确定你的团队应该关注哪些引领性指标。
- **建立每个人都可以看到的记分牌。**决定你的团队和个人指标的显示方式。
- **建立快速节奏。**就回顾团队进展的频率达成一致，并为会议设定议程。
- **产生正向速度。**庆祝早期的胜利；宽容失败，从而让人们努力挑战难度更大的事情。

---

* * *

正如我所研究的许多内部创新一样，Swoon Reads 破除了创业团队的神话，过去人们往往认为创业团队就是从始至终都在构建和发布愿景的黑客、骗子、潮客。随着每个试验周期的推进，Swoon Reads 团队不断发展壮大。由于需要不同技能，团队增加了新成员，其他人则交出了接力棒。不过，如果吉恩和团队不能妥善管理好整个企业环境，大家的热情和努力可能很容易受到压制。

第 9 章

环境：创造自由岛

真正阻碍员工敬业度的因素是湿漉漉、冷冰冰的中央集权。在大多数公司里，权力是从首席执行官向下传递的。员工不仅被剥夺了大多数的决策权，甚至连反抗以自我为中心的专制主管的权力都没有。

——加里·哈默尔

Swoon Reads 项目可能很容易失败。表面上看，它的成功似乎是因为吉恩幸运地发现自己身处一个允许自由创新的公司。她恰好遇到了这样一位老板，允许公司内部对这个创意的热情高涨。

然而，经过深入挖掘后，你会发现，吉恩在创造她所需要的自由方面相当聪明。第一，几年前，她选择加入麦克米伦的首要原因是其拥有激励创新的文化。第二，她没有过早申请资金，相反，她组建了一个跨职能团队，没有给公司带来任何费用。她还在设计创意时尽可能地减少了其对公司现有流程的依赖。

她从通用汽车内部推出的汽车品牌"土星"(Saturn)中获得了灵感。该品牌是一家"不同类型的汽车公司",在很大程度上不受母公司限制,它使用不同的分销网络,建立了自己独特的文化。她告诉团队成员,即使大多数人扮演两个角色(核心工作在麦克米伦,第二份工作在 Swoon Reads),他们也应该将 Swoon Reads 视作一个独立小组,与麦克米伦分开。在 Swoon Reads,等级并不重要,你可以凭激情而不是简历投入工作。这吸引了很多专注而聪明的人。

她还巧妙地将 Swoon Reads 定位为吸引年轻读者和新兴作家的工具,而不是麦克米伦核心业务的替代品。当你的创新成为一种补充而非破坏性威胁时,就不太可能被拒绝。

＊ ＊ ＊

到目前为止,你可能一切准备妥当。你激活了意图,确定了战略需求,产生了许多令人兴奋的选择,预测了价值阻碍因素,设计了正确的试验,并招募了一个理想的团队。不过,这些都不意味着公司会立即看到你的创意闪耀的光辉。一般来说,内部创新者所处的环境不仅对其没有什么帮助,而且往往是彻头彻尾的威胁。

然而,正如我们在第 2 章中看到的,成功的内部创新者将克服政治阻力视为解决问题过程的一部分。他们并不指望立即得到支持。他们知道,必须经过无数次否决,才能找到愿意给予他们肯定的人。

他们不把拒绝视为创新不可行的标志。事实上,我采访过的一些内部创新者认为,被拒绝是创意具有潜力的一种迹象。正如一个人所说的,"如果人们立即支持这个创意,它可能就不那么新奇了"。

看看下面这些有名的拒绝：

- 华纳兄弟影业公司的哈里·华纳一开始拒绝了有声电影的创意，他说："谁想听演员说话？"[1]

- 1920 年，美国无线电公司（RCA）的员工戴维·萨尔诺夫（David Sarnoff）建议公司投资收音机。他的经理回答说："无线音乐盒没有想象中的商业价值，谁愿意为发送给不特定对象的信息付费呢？"[2]

- 惠普公司的员工史蒂夫·沃兹尼亚克（Steve Wozniak）5 次提出苹果电脑的设计方案，被拒绝了 5 次。[3]

- 弗雷德·史密斯（Fred Smith）（FedEx 创始人兼首席执行官）在耶鲁大学读本科时写了一篇论文提出一种夜间送货系统，教授给了他一个 C，并解释说虽然这个概念很有趣，但要获得比 C 更好的成绩，创意必须可行。[4]

- 沃尔特·迪士尼因缺乏创造力而被一名报纸编辑解雇。

- 印象派画家不得不自己举办艺术展，因为他们的作品经常被巴黎沙龙拒绝。[5]

- 贝多芬的老师说他当作曲家毫无希望。[6]

- 文斯·隆巴迪（Vince Lombardi）被拒绝执教足球，因为他"对足球知之甚少，缺乏激情"。[7]

- 火箭先驱罗伯特·戈达德（Robert Goddard）忍受了科学界的排斥，大家都怀疑火箭能否进入太空，认为它即使进入太空也毫无价值。[8]

- 美国诗人卡明斯的一篇手稿被 14 家出版商拒绝，最后他母亲花钱出版了他的书，他把这本书送给了那 14 家出版商。[9]

- 在一个很可能虚构的故事中，美国西联公司（Western Union）拒绝购买亚历山大·格雷厄姆·贝尔的电话："这种电话缺点太多，不能被真正视为一种通信工具。这种设备对我们而言本来就没有价值。"[10]
- 迪卡唱片公司拒绝了披头士乐队，告诉他们的经纪人"吉他乐队要过时了""我们不喜欢这些男生的声音"。哥伦比亚唱片公司也拒绝了披头士乐队。[11]

当市场上推出一个新产品时，客户一开始表示拒绝，我们不会责怪客户。我们应重新考虑营销策略，瞄准那些将为创新提供机会的早期采用者和支持者。类似地，在一个组织内，新创意被采纳需要一个开放的空间。约翰·哈格尔、克莱顿·克里斯滕森都建议尝试在组织"边缘"进行创新。你必须找到或创造"自由岛"，让你和团队可以在那里推动创新。

要了解这一点，先来认识一下久多良木健。通过在一个像全球庞然大物的公司内部精心打造自由岛，他发起了一项革新，彻底改变了一个市场，并重新定义了公司。

拯救索尼的普通员工

1975 年，久多良木健从东京电机大学电子工程专业毕业时，获得了索尼公司的工作机会，他感到十分兴奋。索尼是世界上电子产品的领导者（电视是其头号产品），但真正吸引久多良木健的是，该公司开创了一个精英管理体系，认可并奖励普通员工的才能和贡献。[12]久多良木健在索尼的第一份工作是研究立体声和液晶显示器

（LCD）。这两种技术如今在电视和电脑显示器上都很常见，但在当时是一项前沿研究。

久多良木健在和他的小家庭在一起时，注意到女儿喜欢玩任天堂 Famicom 游戏机。作为一个从小就喜欢捣鼓小发明的人，他拆开了游戏机，发现有很大的技术改进空间，尤其是在声音质量方面。[13]

久多良木健秘密地开发了一个新的音响系统，并向任天堂提出了建议。索尼的老板们发现他所做之事时非常愤怒，打算解雇他。但有一个人为他辩护，认为他做的事很有价值，这个人就是时任索尼董事长兼首席执行官的大贺典雄。他为久多良木健提供了掩护，甚至允许久多良木健与任天堂合作开发一款名为 Play Station 的 CD-ROM 播放器，以取代任天堂的游戏机卡带系统。

然而，双方的合作失败了。任天堂最终放弃了该项目，转而与飞利浦电子公司建立了新的合作关系，这让久多良木健陷入了困境。

久多良木健意识到这是一个关键时刻，决定迈出大胆的一步，直接与首席执行官大贺典雄面谈。久多良木健确信一款游戏机产品对公司很有价值，于是请求再给他一次开发机会。他甚至威胁说，如果得不到允许就辞职。索尼的大多数高管对游戏业务持怀疑态度，认为游戏业务未来的盈利潜力微乎其微。不过，首席执行官大贺典雄再次支持了久多良木健，允许他进行该项目，甚至将他和他的团队转移到索尼娱乐，以摆脱索尼核心电子业务的负面压力。

索尼娱乐公司因推出新的音乐家和其他娱乐明星而闻名。时任部门负责人的丸山茂雄拥有寻找和培养"明星"的才能，这一才能为索尼娱乐公司培养了人才。这位 76 岁的退休高管在 2017 年接受科技杂志采访时说：

明星不是追随者。他们不是跟随着别人做事的人。成为明星的人是那些看到机会并率先跳入该领域的人。先跳进去的人要勇敢，勇敢者的显著特征就是拥有一颗坚强的心。他们通常没有很多盟友，因此很孤独，但他们并不害怕孤独。[14]

丸山茂雄将久多良木健比作一位需要支持和舒适工作环境才能成功的音乐天才。

久多良木健和团队努力工作，最终推出了 PlayStation，并于 1995 年在全球取得了成功。这是有史以来最先进的游戏机，配备 3D 图形、非常逼真的图像和声音。此外，它还提供了一个 CD-ROM 播放光盘上的游戏，比其最大的竞争对手任天堂销售的基于卡带的游戏机快得多。[15]

到 1997 年，索尼游戏机已经垄断了全球电子游戏系统市场 70% 以上的份额，并为索尼贡献了 40% 以上的利润。[16]实际上，可以说 PlayStation 拯救了索尼公司。到 2011 年，索尼公司的收入开始了长达五年的下降。索尼的手机被苹果和三星打败，随身听被 iPod 和 iPhone 干扰，个人电脑和笔记本电脑业务正经历两位数的年销售额降幅，电视业务也在亏损。PlayStation 是索尼为数不多的亮点和利润来源之一。

久多良木健后来怎么样了？他最终成了索尼的董事长，并担任索尼电脑娱乐公司的总裁兼首席执行官，直到 2013 年退休。在 2015 年的一次采访中，他回顾了自己在索尼（世界上最大的公司之一）工作的岁月。当被问及动机时，他说："我想证明即使是普通员工——尤其是公司的普通员工，也可以用一流的技术、一流的理念，与一流的同事创建如此规模的事业。"[17]

内部创新的可靠驱动因素

了解鼓励或拒绝新创意的组织驱动因素有助于寻找或建造"自由岛"。当你了解了这些驱动因素，就能更熟练地撬动杠杆，创造你所需要的自由。

不幸的是，许多关于内部创新驱动力的文章反映的个人挫败，更多基于情感而非证据。为了帮助你从大量的民间传说中找到今天所知的真相，我查阅了能找到的每一项研究，这些研究表明特定的组织驱动因素和内部创新水平之间存在统计学上的显著相关性。许多研究人员特别是创业导向领域的研究人员，已认真分析了这些驱动因素，强调了管理支持、自主性、奖励（强化）、时间可用性和组织边界等因素。[18] 我试图从杂乱无章的观点中找出事实。我只列出了研究人员确定的驱动因素，他们可以证明自己研究了足够多的数据点，并发现了在统计学上有意义的联系。你会发现这里有些驱动因素是显而易见的，有些是令人惊讶的，有些是你期待看到但没有出现的。

可以将驱动因素分为四类，如图 9-1 所示。

- **人才**　如果你能接触到天生善于创新的人才，你将有更大的成功机会。
- **结构**　即使你拥有合适的人才，如果他们必须在阻碍试错的组织结构下运作，这些人才也是无用的。
- **文化**　即使拥有合适的人才和赋予员工自主权力的组织结构，如果没有合适的文化引导，团队的努力也会受挫，创新很可能会失败。

• **领导力** 拥有合适的人才，在合适的组织结构下，并由合适的文化引导，如果没有找到做正确事情的领导，那么仍然可能只会带来暂时的成功。

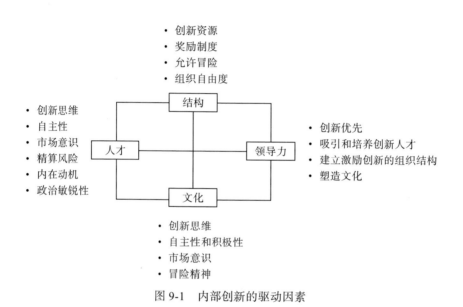

图 9-1 内部创新的驱动因素

这是一个相互关联的系统，但不是什么灵丹妙药。你不太可能找到一个理想之岛，在那里，人才、结构、文化和领导力都是完美的，但你可以利用这些因素来寻找或创造更大的自由。如果你想提高团队或组织的创新能力，这些驱动因素可以帮助你判断需要改变什么。

人才

如第 2 章所述，研究指出了成功内部创新者的六个重要特质：创新思维、自主性、市场意识、精算风险、内在动机和政治敏锐性。

当你考虑团队将在公司的哪些部门或领域开展内部创新时，试着评估最有可能在哪里找到具有这些特质的人。例如，有没有一个特定的品牌或产品团队，或者一个地区或部门，在那里你更有可能找到符合条件的人呢？

结构

虽然人们提到的导致挫败的结构性障碍有很多方面的原因，但似乎只有以下四个原因具有已被证实的影响力。

- **创新资源**　获取创新所需资源（资本和时间）的能力。为解决这个问题，一些公司制定了创新预算和奖励制度。众所周知，3M 和谷歌分别允许一些员工将 15% 和 20% 的时间分配给新项目。四大会计师事务所之一的安永设立了一个创新收费代码，让员工有时间开展创新，而不会对计费时间产生负面影响。

- **奖励制度**　这是激励创新的一种制度。最常提及的创新障碍之一是只认可短期回报的奖励制度。我们研究过许多最具创新力的公司都通过创新性的领先指标解决典型的短期奖励问题，例如衡量所开展的试验和尝试推动的试点工作、文化创新评估[19]（或组织中其他人对团队创新程度的看法）。奖励不一定是金钱方面的（特别是对拥有内在动机的人更是如此）。事实上，我采访过的一家银行发现，金钱奖励可能适得其反。这家银行曾经为一个创新项目设立金钱奖励制度，但该项目最终失败了。后来，它用认可代替奖励，启动了一个公开跟踪创新的"排行榜"，效果很好。

- **允许冒险**　当创新尝试失败时，你会得到升职，还是你的职业生涯会受损？找出人们承担风险并从失败中振作起来的例子。

- **组织自由度**　正如第 8 章所讨论的一样，新颖的创意通常需要一个角色不固化的跨职能团队。在某些组织中，很难让不属于汇报关系范围内的人员进行协作。需要寻找一个自由空间，可以在正式角色之外开展创新项目。

文化

你的公司作为一个整体可能会保持特定的文化规范，但不同领域自然会发展出自己的亚文化。有关更高水平内部创新的文化特质与创新人才的特质密切相关。寻找或创造具备以下特征的文化或亚文化：

- 赞扬新思维和新方法。
- 鼓励人们采取行动，而不需要征求许可或等待指示。
- 引入有关客户、竞争和市场动态的想法和见解。
- 允许甚至鼓励有计划的冒险。

领导力

我采访的许多专家和内部创新者都说"变革要从高层开始"。虽然你可能没有正式的权力来改变领导行为，但你可以找到善于激励创新的领导者。可以从以下四个方面寻找，其中三个方面直接对应上述三组因素。

- **创新优先**　寻找将创新项目摆在首位的领导者。一家领先的动物药品供应商决定在美国和欧洲开展一项基于遗传学的新业务。美国地区的领导者把新产品线当作投资组合的一部分，但并未一直将项目最新进展作为领导层定期会议的一部分。

相比之下，欧洲地区的领导者做到了。尽管与核心业务相比，新业务收入很少，但每次会议都包括最新进展情况。结果新业务在欧洲成功了，但在美国失败了，这不是因为客户需求或市场动态不同，而是因为领导层没将其当作优先事项。[20]

- **吸引和培养创新人才**　寻找那些致力于发现和培养具有成功创新者特质的人才的领导者。

- **建立激励创新的组织结构**　这类领导者能主动通过资源、奖励制度、允许冒险和提高组织自由度来支持或促进创新，并消除创新的组织结构阻碍。

- **塑造文化**　这类领导者能积极识别有助于创新的行为模式，并减少创新的阻碍因素。同样，这些文化规范包括创新思维、自主性和积极性、市场意识和冒险精神。

我们在第 1 章介绍的埃利奥特·伯曼创造了一个自由岛。他首先扮演了一个研究人员的角色，这样他可以不受可能压制工作的文化规范和结构的影响。这个角色也让他能够招募到具有创新精神和内在动机的人才。他说服 Exxon 让他独立运营一个全资子公司，然后找到了公司的一个业务部门——钻井平台运营，该部门十分重视他的想法，允许他在一个自由岛上继续运营。当在 Exxon 内部无法取得进展之时，他在公司之外创造了新的自由岛，首先是在美国海岸警卫队找到了新用户，最终将该业务发展成为一家独立的公司。

六类利益相关者

如何找到自由岛？或者，如果找不到，就创建一个？约克大学舒立克商学院战略管理教授埃伦·奥斯特（Ellen Auster）为我提供了一个框架。她在与丽莎·希伦布兰德（Lisa Hillenbrand）合著的《敏捷战略：精于战略变革之道》(*Stragility: Excelling at Strategic Changes*) 一书中描述了这一框架。[21] 她教我如何用该流程应对内部创新的具体挑战。

在任何组织中，你都会发现六类利益相关者（个人或团体）。

- **早期采用者** 可能会对你的创新做出响应的内部或外部利益相关者。你希望尽早确定这些利益相关者，并开始以吸引和有益于他们的方式塑造你的创意。

- **倡导者** 会推销你的创意的有政治权力的人。哥伦比亚商学院的丽塔·麦格拉思教授称他们为夏尔巴人（Sherpas）。"这些夏尔巴人往往具有丰富的企业经验，拥有很多社会关系和社会资本，他们通常可以从扶持创新中获得乐趣。"[22] 倡导者可能是外部利益相关者：合作伙伴、监管者或客户。营销大师塞思·戈丁（Seth Godin）称这群顾客为"打喷嚏者"，因为他们通过讲述自己的经历来传播产品信息。你要尽早识别这些人，因为他们在为你开辟"政治"道路方面至关重要。你可以通过查看过去的创新，看看那些创新的倡导者是谁，或者通过询问"如果这项创新成功，谁会受益？"来识别。

- **冷淡旁观者** 对创新保持开放态度的利益相关者，但他们太忙了，没有时间思考。在内部，这些人可能是最终支持你开展创新的部门员工，但他们现在并不认为这是一个优先事项。在外部，这些人可能是你在运营部分创新时的合作者或者次要客户。你可以暂时忽略这些利益相关者，因为他们会在看到早期采用者这样做后再加入。

- **谨慎旁观者**　认为你的创新不太适合的利益相关者，但他们不确定具体原因。他们可能会抵制你的创意，因为他们的同事和朋友反对。他们可能是合作伙伴和客户，你的创意对他们很有用，但不能满足眼前的迫切需求。无论出于何种原因，他们不太可能加入到项目中，但正是由于参与度不够，所以也无法真正了解原因。这些利益相关者只有在看到怀疑论者（接下来的两类利益相关者）表态时才会反对你的创意，所以从一开始可以忽略他们。

- **积极怀疑者**　有正当理由担心你的创意可能对组织或市场产生潜在影响的利益相关者。在内部，他们可能在合规或法律部门任职。在外部，他们可能来自监管机构。你要尽早让这些人参与进来，不仅是为了获得他们的支持，也是为了了解他们的担忧，并将其纳入到你的创新中，以不断改进创新。

- **消极怀疑者**　担心你的创意会削弱他们的权力或损害部门利益的利益相关者。有时，他们抵制某个创意仅仅是因为以前有过这种创意带来的负面经历。从内部看，回顾一下价值阻碍因素（见第 6 章），你可能会知道这些人是谁。从外部看，他们可能是竞争对手或其他参与者，如果你的创新成功，他们很可能会失败。你不太可能说服这些利益相关者，你能做的最好的事情就是尽量不依赖他们，比如，避免将你的创新置于他们的权力控制之下。

用奥斯特教授的话来说，诀窍在于"具体运作"。尽早确定早期采用者、倡导者和积极怀疑者，这样你就可以向他们咨询，获得他们的支持或消除他们的担忧。尽早发现消极怀疑者，这样就可以避开他们，并且尽可能不要过早地引起他们的注意。如果你能巧妙地进行这一系列互动，你成功的机会就大得多。

美国证券交易所如何运作并改变一个行业

很少有创新像交易所交易基金（ETF）这样彻底改变了投资行业。该基金的创立基于一个简单的前提假设：如果能将共同基金的多元化与像股票一样交易的能力结合起来，会怎么样呢？以前，普通投资者要进入股市而不冒很大风险或花很多钱，唯一的办法就是成为一名专家，谨慎地将经充分研究的个人股票投资组合多元化，或者聘请共同基金经理来打理。

当然，问题是聘请这些共同基金经理的费用很高，尽管他们试图跑赢大盘，但几乎没人能做到。事实上，他们很少实现这个目标。一项又一项的研究表明，从长期看，绝大多数主动管理型基金表现不佳。仅在过去的15年里，"标准普尔500指数的表现就超过了92%的大盘股基金"。共同基金投资者付钱给股票挑选者，但他们跑输了大盘，这些费用又进一步侵蚀了他们的回报。[23]

随着1993年1月29日标准普尔存托凭证的出现，以及随后一波成功的交易所交易基金的相继推出，这一切都发生了改变。

过去25年，这些基金（其中大多数持有特定资产来复制投资指数）已经从一篮子股票变成了包括债券、大宗商品和货币等各种可能的投资板块和投资类型的资产。除了让投资者能够像交易证券一样交易基金外，交易所交易基金还让持有人能够轻松实现多元化，同时与主动管理型共同基金相比，支付的费用和税收要低得多。从本质上讲，它们在推动投资行业变革的同时，也让共同基金行业更加"民主化"了。

2017 年，交易所交易基金占美国所有交易价值的 30%，以至于英国《金融时报》宣布"交易所交易基金正在蚕食美国股市"。[24]

这是怎么发生的呢？

令人难以置信的员工创新者

20 世纪 80 年代中期，美国证券交易所陷入困境。它"在纽约证券交易所的阴影下挣扎着生存"的同时，"在吸引足够多业务以实现盈利方面遇到了严重困难"。规模较小的美国证券交易所需要一种新产品，尽管它当时没有太多资源来开发。[25]

美国证券交易所负责产品开发的高级副总裁内森·莫斯特（Nathan Most）主管衍生品业务，他"亲自动手"试图设计"一种他认为能让美国证券交易所赚钱的产品"。[26]

美国证券交易所的基本交易量是每天约 2000 万股，无论怎么努力，交易量都保持不变。他们动用各种渠道的钱来增加交易量，但都没有成功。从我们（衍生品）的角度看，需要很多钱来做想做的事，但我们没有钱。他们一直告诉我们赚的钱不够。所以我想，也许我可以在股票方面给一些帮助并赚一些钱。我看到共同基金正蓬勃发展，迅速跑赢大盘，却无法交易。所以我想，为什么不去尝试一下呢？[27]

作为一名金融产品创新者，莫斯特有着不同寻常的背景。他出生于 1914 年，是一名训练有素的物理学家，曾在加州大学洛杉矶分校开展声波研究。莫斯特将这些知识用到了美国海军在二战中的潜艇战，让美国潜艇"在接近日本潜艇的危险区域巡航"。战后，莫斯特走遍亚洲各地，向剧院出售声学材料，然后进入食用油行业工作。1965 年，他成为太平洋植物油公司的执行副总裁，后又于 1974 年成为太平洋商品交易所的大宗商品交易员。1977 年，他开始在美国证券交易所工作，当他开始设计新产品拯救交易所时，他已经 73 岁了。[28]

在设计新产品时，莫斯特提出了两个主要问题：

- 共同基金可以像股票一样交易吗？[29]
- 如果指数基金的结构可以像大宗商品一样，会怎么样？证券可以像实物"库存"一样购买，存放在金融等价物"仓库"中，库存的"收据"可以像股票一样进行分割交易。[30]

与典型的内部创新者相比，莫斯特的工作环境更复杂。毕竟，金融服务业是一个复杂的利益相关者网络，包括监管者、清算公司、经纪人、顾问和基金经理。

向积极怀疑者学习

为了完善创意，莫斯特很早就从积极怀疑者那里学习。

首先，他查看了过去推出交易所交易基金的尝试，以了解它们失败的原因。可以说，交易所交易基金的第一次现代尝试发生在1989 年。那一年，旨在密切反映标准普尔 500 指数的指数参与型基金（IPS）开始在美国证券交易所和费城证券交易所交易。该产品深受欢迎，但寿命很短。芝加哥商品交易所和商品期货交易委员会提起诉讼质疑 IPS 的出售，因为它具有"类似于期货合约的特征"。该诉讼在联邦法院成功辩称，IPS 必须在美国商品期货交易委员会监管的期货交易所进行交易。[31] 由此，莫斯特学到，他的新产品应被视为一种不同类型的资产，而非期货。

1990 年 3 月 9 日，多伦多证券交易所首次推出多伦多 35 指数参与型基金（TIP），这是创建股票型指数基金的又一次尝试。这是一支追踪该指数的交易所交易基金，它被许多人认为是世界上第一支类似股票的指数基金。TIP 和随后的跟踪 TSE-100 的基金也受到了投资者欢迎，但这些最初的版本在 2000 年就被推翻了，"因为它们的费用比率低，对交易所来说成本太高了"。[32] 这意味着莫斯特的新产品必须迅速达到足够的销量，以确保有足够的收入来支持该产品。

然后，莫斯特又去摸清了其他积极批评者的想法。当他向共同基金专家和美国证券交易所的高管提出自己的想法时，遇到了阻力。他咨询了先锋集团创始人兼共同基金创新者杰克·博格尔（Jack Bogle），博格尔告诉他，如果不"大幅增加运营成本"，共同基金就无法频繁交易。美国证券交易所的法律部门以另一种保留意见否决了这个想法：他们认为美国证券交易委员会"永远不会批准此类证券"。[33]

解决这些问题需要三个条件：莫斯特的创新解决方案、美国证券交易所律师的重要建议，以及幸运的时机。

为解决交易成本问题，莫斯特借鉴了他的大宗商品交易经验。反映指数的股票组合将存放在受托人处，受托人将提供类似于用于跟踪实物商品的仓单收据。这张收据证明了库存（股票）的存在，然后被分解成与证券类似的交易单元。

另一个重要贡献来自美国证券交易所的法律部门，该部门建议使用单位投资信托基金（UIT）作为股票的"仓库"。这种结构设计解决了两个方面的问题。由于 UIT"既不需要董事会，也不需要公司管理层"，因此成本更低，面临的监管障碍也更少。

寻找倡导者

第三个条件——1987 年股市崩盘的出现纯属运气。莫斯特认为，由于"跌幅如此之大，以至于没有期货买家愿意购买"，对于能对冲巨大市场波动的新工具，美国证券交易委员会持更加开放的态度。共同基金可以像股票一样交易，正好符合这一条件。[34] 于是，美国证券交易委员会成为倡导者。

当基础的组织结构条件具备后，莫斯特与一位重要的内部倡导者——美国证券交易所产品开发副总裁史蒂文·布鲁姆（Steven Bloom）合作，实施了这一创意。随着建立一个"自由岛"的组件（一个将美国证券交易委员会转变为倡导者的组织结构、一个解决法律部门担忧的模式和一个提供支持的"夏尔巴人"(布鲁姆)）的到位，莫斯特在美国证券交易所及其最终合作伙伴道富银行内部组建了一个团队，该团队担任这个"'证券仓库'的受托人"。美国证券交易委员会衍生品高级副总裁艾弗斯·莱利（Ivers Riley）也是这项工作的主要早期贡献者。

美国证券交易委员会和道富银行的团队很快吸纳了来自专业公司 Spear, Leeds & Kellogg（SLK）和 Orrick, Herrington & Sutcliffe 律师事务所的人员，为该基金建立了基本架构，开创了与储存交易所交易基金商品"仓库"相关的任务，这些工作如今已经司空见惯了。与此同时，他们与美国证券交易委员会进行了多年繁重但最终成功的法律和政治谈判。[35]

谈判的结果就诞生了标准普尔存托凭证（SPDR，股票代码SPY），通常被称为"蜘蛛"。自 1993 年 1 月 29 日推出以来，"蜘蛛"已成为历史上最成功的交易所交易基金，同时也是一类转型金融产品的典范。

寻找早期采用者

在意识到这是巨大机会后，美国证券交易所的营销和销售团队成为早期采用者。"蜘蛛"的推出伴随着巨大的营销努力，在第一天交易了 100 多万股。然而，到 1993 年中，交易所交易基金的交易量增长放缓，日交易量仅为 17 000 股。莫斯特与另一个早期采用者——美国证券交易所期权营销副总裁杰伊·贝克（Jay Baker）合作推动销售，打电话给机构投资者，试图说服他们购买该基金。[36]

远离消极怀疑者

对莫斯特和他的团队来说，很明显，以高额管理费为生的共同基金将是交易所交易基金成功的最大输家。它们希望交易所交易基金失败。贝克回忆道："我们在美国走南闯北。有一次，我给一家共同基金公司的西海岸销售主管打电话。他说，'我喜欢它，我拥有它，我的公司永远不会卖它。老实说，我希望你失败'。"

贝克说，就在那一刻，他知道基金成功了，因为传统共同基金行业担心其产品被民主化。[37] 他们只是需要避开这些负面批评者的力量。

布鲁姆和贝克坚持不懈的营销努力迅速摧毁了共同基金的自信。日本大和证券集团及时的证券注入也有所帮助。"到 1993 年夏末，'蜘蛛'交易量很少低于每交易日 10 万。"[38]

旁观者加入

一旦冷淡旁观者听到采用者的呼声淹没了怀疑者的反对声音，他们很可能会参与进来。就像多米诺骨牌一样，谨慎旁观者也会效仿。交易所交易基金市场在 20 世纪 90 年代持续增长，随着 dot.com 的繁荣和 1999 年纳斯达克 100 指数追踪股（原股票代码 QQQ，仍称为"Cubes"）的发行，交易所交易基金迎来了大幅增长。这种技术基金的普及提高了人们对交易所交易基金的认识，交易所交易基金管理的资产"翻了一番多"，2000 年年底达到 700 亿美元。交易所交易基金增长仍在继续：到 2002 年有 102 支，到 2009 年接近 1000 支，到 2011 年超过 1400 支，到 2015 年共有 1800 支，"几乎涵盖了所有可以想象的领域、利基市场和交易策略"。[39]

截至 2018 年，"蜘蛛"仍然是"美国最大的交易所交易产品，拥有 2920 亿美元的资产"，尽管它要与拥有 3.4 万亿美元资产的美国交易所交易基金行业至少 105 家不同的交易所交易基金发行人竞争。[40]

乔·特凡内利（Joe Stefanelli）是美国证券交易所衍生品产品营销和销售工作的负责人，同时也是开发"蜘蛛"的初始团队成员，他说："我们谁也没想到会发展到如此规模。"[41]

2001 年，莫斯特对他设计的产品进行了实事求是的评估："我很清楚，交易所交易基金才刚刚启动交易和投资渗透。它的设计使它成为满足投资者多样需求的多功能工具。"[42]

莫斯特在 2004 年去世，享年 90 岁，留下了一笔巨大的遗产。在大多数人早已退休的年龄，他却发明了一种革命性的金融产品，一位朋友形容他"积极而活跃，直到生命最后一刻都充满激情和伟大的创意"。[43]

莫斯特在 2001 年对交易所交易基金的分析非常准确，但可能被低估了，因为该产品在他去世后 17 年确立了主导地位。虽然许多人对"蜘蛛"的创建及其催生的行业至关重要，但这种巨大的颠覆源自一个令人难以置信的伟大创意——一位前物理学家、商品交易员关于构建像仓库库存这样的股票基金的新颖想法。

创造自由岛的过程

在我们的研讨会和咨询中，发现以下四个步骤可以揭示创建自由岛的关键点。完成此练习不应超过一小时。

- **围绕关键利益相关者开展头脑风暴。** 确定六种类型中重要的内外部利益相关者（可以是个人或团体）：早期采用者、倡导者、冷淡旁观者、谨慎旁观者、积极怀疑者和消极怀疑者。通常情况下，你会识别出 7 ～ 15 个。
- **区分高权力和低权力。** 将每种类型的利益相关者分为高权力（他们的行动可以显著帮助或阻碍成功）和低权力（他们的行动无关紧要）。
- **制定策略。** 探索如何将低权力的早期采用者和倡导者转变为更高权力的人，例如，将你的创新置于他们的控制范围内。探索如何将高权力的怀疑者（积极怀疑者和消极怀疑者）转变到低权力的位置上，例如，通过避免将创新置于他们的控制之下。
- **定义你的联系策略。** 决定先联系谁。例如：找出具体的积极怀疑者，与他们会面，收集他们的担忧；创建一份高权力的倡导者短名单，赢得他们的支持。

结束语

如果建立自由岛的努力看起来很复杂，请这样想：企业家要花
50% 以上的时间筹资，而你的筹资活动只是一个政治形式。正如加
里·哈默所说，"对一个准企业家来说，在找到一个愿意投资的人之
前被拒绝六次并不罕见——但在大多数公司中，只需要一个'不'
就可以扼杀一个项目"。[44]

* * *

Swoon Reads 之所以成功，是因为团队能从内部创建自己的"自
由岛"。他们的"影子组织"随着劳伦被聘为 Swoon Reads 主管而正
式化。然而，他们仍然保持灵活性，允许整个公司的员工在项目中
扮演兼职角色，同时保持他们的日常工作。Swoon Reads 书名的成功、
正面的新闻及其帮助公司其他出版商及早识别未来作者的能力，以
及它与新一代读者建立的联系，使该项目成为麦克米伦公司业务一
个有价值的扩充，从而为其提供了继续发展所需的自由。

第10章

领导者：如何释放内部创新活力

我经常使用的比喻，也许是不完美的比喻，就是当园丁。我要浇水灌溉，围好栏杆，保证堆肥具有活性，把植物摆放在正确位置，但我不能告诉植物如何生长。我观察花园的变化。我可能会把东西搬来搬去，可能会到处修剪，但其他的一切不是我能控制的。

——伊藤穰一　麻省理工学院媒体实验室主任

在本书中，我们主要从内部创新者的视角来看待创新。然而，每当我向大家介绍研究发现时，不可避免会碰到一个问题："作为领导者，我应该如何从内部激活创新？"无论你身处公司最高层领导一个业务部门，还是带领一个团队，你的成功越来越取决于巧妙激活员工创新的能力。

回报

激活内部创新的回报是巨大的。对"创业导向"（Entrepreneurial Orientation，EO）和"内部创业强度"（Intrapreneurial Intensity，II）的研究表明，更高水平的内部企业家精神会带来更快的增长，[1] 增加经济附加值（Economic Value Added，EVA），并产生更高收益（股东总回报率（Total Return to Shareholders，TRS）），你可以通过评估两个维度来测量 II。

- **创新频率**　员工寻找创新机会的频率（高、中或低）。
- **创新程度**　在寻找这些机会的过程中表现出的创新思维、冒险精神和主动性（高、中或低）。

这样做可以确定你公司目前属于九类创新中的哪一类。这里我们以知名公司品牌为例，如图 10-1 所示。注意，我们并没有实际衡量这些公司的品牌价值，只是为了说明内部创新的类型。

你可能会发现自己位于左下角，是一个像沃尔玛那样的"商业模式运营商"。沃尔玛通过比同行更有效运营核心商业模式，获得了巨大成功。尽管如今沃尔玛已经推出了一些创新，试图占据更高的象限，但是过去 10 年其超越市场的增长和盈利能力主要来自有效的商业模式运营。

在高创新频率、低创新程度（左上象限）部分，你会发现像宝马这样的"累加器"，它在每一款新车型上都积累新的创新。由于"累加器"创新速度快，跟上其步伐很困难，但它们很少引入新的商业模式或拓展新的产品门类。

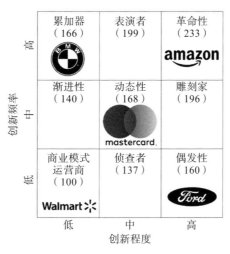

图 10-1　组织画像

注：基线 =100。前进到下一个框意味着提高 1 个标准差。基于 Pierre Erasmus and Retha Scheepers, *The Relationship Between Entrepreneurial Intensity and Shareholder Value Creation.*

在右下角，你会发现"偶发性"创新者。以福特为例，每隔 10 年或 20 年，它都会重塑自己，然后运行新的商业模式。如今，福特正在彻底改造成一家智能出行公司，与谷歌、特斯拉和优步展开竞争。20 世纪 90 年代，在网络繁荣的巅峰时期，福特曾经试图转型为一家科技公司。

在中间象限，你会发现所谓的"动态性"创新者，主要以万事达卡为代表。对于像万事达卡这样能够开展不同频率和不同程度创新的公司来说，"动态性"创新者确实是一个总括性的描述。

我们通常钦佩"革命性"的创新者，比如亚马逊。它们经常引入程度高的创新——新产品门类、新收费结构、新业务线。不过，我们不需要在这些方面都表现出同样高的创新程度。研究表明，只要比同行领先一个"象限"就行。如果在技术行业，这可能意味着

"革命性"的进步；如果在零售或制造行业，竞争门槛就低一些。

确定了自己当前所在象限后，就可以决定今后打算进入哪个象限。要实现该目标，你是要提高创新频率（激励员工经常创新），还是要提高创新程度（更具创新性，更敢于冒险，更积极主动），还是两者兼而有之？

图 10-1 中括号中的数字显示了上升到一个更高阶象限对股价（更准确说是 TRS）可能产生的影响。这些数据是基于对 II 水平与 TRS 的相关性研究得出的。例如，如果你是一个股票价格为 100 的商业模式运营商，只要提高创新频率，而无须开展更激进的创新，就可以达到 140 美元的股价。

这个练习让你感受到，释放更多的员工内部创新活力会带来潜在回报。不过，这个回报其实更大，因为当人们看到其他人在创新时，也会受到启发，创新会广泛传播。此外，麦肯锡的研究表明，与通过收购获得的收入相比，投资者更看重通过内部创新产生的新收入。例如，要使股价翻倍，需要通过收购增加 217% 的收入，但如果通过内部创新来实现这一目标，则只需增加 22% ～ 26% 的收入。[2]

那么如何提高 II 呢？首先让我们看看什么不能做。

清除戏剧噪声

许多组织因创新广受媒体关注，却未能将创新转化为价值。我在第 1 章中提出，创新应该有三个特征：新颖性，可用性，有价值。根据这一定义，一家公司开展创新但未产生价值就不是有效创新。不幸的是，"最具创新力"公司榜单上充斥着这样的公司。这些公司可能会赢得赞许，但不会带来成效。

丽塔·麦格拉思和史蒂夫·布兰克将这类公司的做法称为"创新剧场"。用布兰克的话说："很多时候，一项企业的创新行动都始于董事会会议向首席执行官授权，也终于这样的授权，然后是一系列给员工的备忘录、大量海报和为期一天的研讨会。这通常会创造一个'创新剧场'，但真正的创新很少。"[3]

为消除这种戏剧噪声，我们收集了一份包含 367 家公司的名单，这些公司都在《福布斯》和《快公司》两个最著名的"最具创新力"榜单上。我们发现，总体而言，这些公司的表现并不比没有上榜的公司更好。进入"最具创新力"榜单并不会让你成为更好的创新者。

因此，我们更深入地挖掘，剔除了那些被认为"具有创新力"但并未超越同行的公司（有关这一分析的详细内容，请参见附录 D）。只有 13 家公司有资格成为有效创新者。（请注意，尽管亚洲公司跻身最具创新力榜单令人印象深刻，纳弗（Naver）和腾讯的入选就表明了这一点，但这些榜单上的公司仍然以美国公司为主。）

- 亚马逊
- 苹果
- 康乐保
- 再生元制药
- 因美纳
- 因塞特
- 万事达卡
- 纳弗

- 奈飞
- 星巴克
- 腾讯
- 福泰制药
- 维萨

看看那些表现不如同行的所谓"创新型"公司的战略，可以得出四个方面的警示。

一是避免"创新剧场"干扰。那些表现不如同行的创新型公司会大力吹嘘看得见的创新努力。硅谷式孵化中心、内部商业计划书竞赛和丰富多彩的开放式办公室布局为它们的创新提供了实物证据，所有这些都吸引了公众的注意力，但事实证明，这都不足以真正带来卓越绩效。相反，正如我们将很快看到的，真正的成功来自更重要的幕后运作。

二是不要局限于产品。进入创新榜单但未能超越竞争对手的公司似乎将精力集中在产品驱动型创新上，比如研发和并购。它们大谈专利申请和研究实验室等方面的数据。这类活动可能很重要，但仅凭这些是不够的。除了保持一定利润之外，需要建立一种依靠制度变革持续创新的独特能力。

三是不要忽视公司规模。那些表现不佳的创新型公司往往会模仿初创公司的创新。不过，由于初创公司开展的创新很少注重规模，因此模仿初创公司的大型公司会忽视自身的规模优势。例如，在瑞典的小城镇盖林根，斯堪雅建筑公司（Skansa AB）和家具零售商宜家两大建筑巨头合作在一家机器人密集的工厂内建造预制房。这些房子后来像乐高玩具屋一样在北欧各国的建筑工地上组装起来。它们的合资企业名为BoKlok，该企业将装修齐全的四层住宅楼成本降低了 35%。截至 2018 年，它每年生产 1200 套经济适用房。就在距离不远的地方，一家小型瑞典建筑公司尝试了同样的模式，但由于规模不足，最终失败并关闭了工厂。不要抄袭初创公司，而要在具有规模优势的领域进行创新。

四是不要采取隔离方式开展创新。表现不佳的创新型公司经常谈论将创新隔离在孵化实验室和创新中心。虽然这种努力最初对于减少组织摩擦是必要的（如第 9 章所述），但这是有代价的。创新成果优异的公司会迅速将创新融入其他产品和服务，这让它们能以小公司无法做到的方式分享利润。例如，硬件、软件和服务生态系统让苹果公司可以在一些领域削弱竞争对手，并弥补在其他领域的损失。如果亚马逊将 Echo 智能音箱或 Kindle 阅读器作为独立业务管理，那么它将失去以小型竞争对手无法比拟的成本提供此类硬件的机会，而只能通过内容获取价值。同样地，腾讯也通过把美国在线、脸书、Skype、雅虎、Gmail、诺顿和推特的功能整合到一个应用程序中来击败竞争对手，之所以可能，是因为腾讯推出了"微创新"，可以进行迅速测试并将其融入到公司的核心产品中。

培育花园

> 雇用聪明人并告诉他们该做什么是没有意义的。我们聘请聪明人，他们会告诉我们该怎么做。
>
> ——史蒂夫·乔布斯

对创新的、表现优异公司的项目进行分解，可以清楚地看出，这些公司的创新是扩张性的。它们采取更全面的创新方法，旨在通过创造一种可控的混乱提升整个公司的创新能力。借用麻省理工学院媒体实验室主任伊藤穰一的伏尔泰式比喻,可以说它们是在寻找培育创新的花园,而非简单地种植更多农作物。

美国公司每年在研发方面投入超过 3500 亿美元用于创新,因此很容易认为这种正式的举措比任何其他因素更能推动创新。不过,CB Insights 于 2018 年对 677 位企业领导者开展的一项研究发现,员工实际上是更重要的创新驱动力。[4] 该研究列出了"十大创新来源":

- 客户
- 员工
- 竞争情报
- 供应商或销售商
- 学术合作伙伴或科学文献
- 行业分析师
- 加速器和孵化器
- 企业风险投资
- 外部的创新构思顾问
- 银行家和风险投资

要想在竞争中脱颖而出,必须开始在员工中培养创新精神。创新成果优异的公司从第 9 章介绍的四个驱动因素(领导力、结构、人才和文化)中选择与众不同的方式来激发员工创新精神。下面有一些有趣的想法,这些想法是从创新成果优异的公司中挑选出来的,可能会激发你的灵感。注意,我要重复一下第 3 章和第 9 章中的一些要点,以防你尚未读过。

领导力

当我开始撰写这本书时，我试图证明员工不需要等待领导层指示就可以创新，他们能够触发自下而上的转变。但我逐渐意识到，要让创新成为系统性活动，领导者要主动作为。这可以通过推动创新优先、培养合适的人才、建立支持性的组织结构和塑造文化来实现。以下是一些在领导层面推动创新优先的做法（我们将在本章后面介绍人才、结构和文化方面的做法）。

脸书领导层通过亲身实践来体现创新优先。包括扎克伯格在内的高管会花时间研究新产品和新创意。他们强调"边做边学"，深知如果没有参与新创意的开发过程，通常很难做出正确判断。他们不要求员工通过 Power Point 展示创意，而是希望员工主动将创意原型化。[5]

麦格拉思提出了一种简单有效的方法来确保创新优先：查看会议议程。检查你是否在议程顶部某个地方腾出了空间来讨论创新，这样有关创新的讨论就不会在你急于按时结束会议时被挤出议程。

奈飞的做法更进一步。它认识到，当领导层与员工共同解决问题，而不是关注大多数会议上讨论的进度审查这些形式上的东西时，公司的创新会加速。因此，它重新思考了董事会成员与公司的沟通方式。它希望员工、领导层和董事会之间的关系彻底透明。传统的做法是，董事会对公司高层团队和骨干员工精心准备的报告开展例行的季度审查。相比之下，奈飞的做法更积极主动。它邀请董事会成员与公司 7 位最高领导者一起参加月度员工会议，与前 90 名高管一起参加季度高管会议，与前 500 名员工一起参加季度业务回顾。董事会成员只是受邀观察会议，不能影响或参与讨论。

奈飞也不再使用 Power Point 汇报。相反，董事会的沟通通过在线共享 30 页实时文件完成。高管和董事会成员可以要求对相关问题进行详细解释，并要求附上支持数据和分析的链接。由此，董事会成员在召开会议前已做好充分准备。他们可以直接开始解决问题，而员工知道他们的意见被听到了。

仅强调创新优先是不够的。你希望员工明白应该追求什么类型的创新。在第 2 章中，我提到只有不到 55% 的中层管理者能够说出公司两个最重要的战略重点。[6] 复杂的战略计划如果宣传不好，会让员工感到困惑。相反，创新成果优异的公司的大多数领导者都提出了令人信服的、简洁的创新愿景，展示了未来将会如何不同，以及公司将扮演什么角色。万事达卡的愿景是建立"无现金世界"，思科的愿景是创造一个"智能网络"（当物联网、大数据、人工智能碰撞到一起时，这才可能实现），纳弗（韩国在线搜索公司，拥有韩国近 75% 搜索量）的愿景是寻求一个"让想象变成现实的互联世界"。这些精辟的表述足够简洁，便于记忆和重复，却揭示了员工应从哪里寻找新创意。

最后，不管是在走廊还是在会议上，通过你、你的助理与全体员工的沟通交流，终于启动内部创新了。那么，你到底是鼓励还是阻碍创新？研究人员发现，创业型领导者和传统的行政型领导者在许多方面都不同。这些差异通常根深蒂固，需要时间才会改变。我们列出了一些主要差异，如表 10-1 所示。

表 10-1　行政型领导者和创业型领导者的区别

行政型领导者	概念维度	创业型领导者
受控资源驱动	战略导向	机会感知驱动
单阶段投入，完全不受决策控制	资源投入	分阶段投入，每个阶段投入资源最少化

（续）

行政型领导者	概念维度	创业型领导者
层级制	管理结构	扁平化，多元信息网络
基于责任和资历	奖励依据	基于价值创造
安全、缓慢、稳定增长	增长类型	快速增长，愿意冒险
风险最小化	风险导向	风险与潜在回报相当
协调	基本技能	设计新组织结构和流程

资料来源：Odd Jarl Borch, Alain Fayolle, and Elisabet Ljunggren, *Entrepreneurship Research in Europe: Evolving Concepts and Processes* (Cheltenham, UK: Edward Elgar, 2011), 231.

指导你的直接下属将他们的领导方式从行政型领导转变为创业型领导，是开始向能够释放内部创新活力的组织转型的关键。

培养创新人才

很多员工因为经常感受到官僚主义的压力，已停止了创新的尝试。他们放弃了创新的意图（见第 2 章），这更加助长了一个错误认识，即创新需要企业家特质。事实上，研究表明，成功的内部创新者表现出与企业家截然不同的行为。你不需要企业家，而是需要培养具有六个重要特质（详见第 2 章）——创新思维、市场意识、自主性、精算风险（不是寻求风险）、政治敏锐性、内在动机（不受经济利益驱动）的内部创新者。创新成果优异的公司通过非常有趣的方式做到了这一点。

为确保亚马逊的新员工具备创新思想家的特质，杰夫·贝佐斯说，他喜欢让面试者分享一些他们发明的东西。这些可能不是产品发明，而是"许多不同类型的发明，但都非常有价值"。他正在寻找那些"通常对当前许多做法感到不满的人。他们在日常生活中，只要看到一个小物件坏了，就想去修复。他们作为发明家通常有一种神圣的不满"。[7]他寻找具有独特的综合特质的人：不仅拥有足够的专业知识在自己的领域进行创新，而且愿意"以初学者的心态"（愿意用新方法应对新挑战）把握机会。

一些创新成果优异的公司会举办活动来激发创新，为员工提供创新的自由空间。这带来双重好处，一方面至少暂时将员工从机构官僚主义中解放出来，另一方面也可为他们提供锻炼创新能力的机会。例如，福泰制药推出了 VOICE，"这是一个内部的全球创新锦标赛，所有员工都可以提出创意来应对'改变游戏规则'的科学和商业挑战。创意被选中的员工继续建立跨职能团队，完善提案并实施商业计划"。这项工作促成了针对新疾病治疗的重大研究项目、3D打印实验室、帮助员工沟通联系的移动应用程序，以及减少波士顿海港区交通拥堵的通勤巴士项目等。[8]匹兹堡平板玻璃公司（PPG）是一家新型涂料公司，其产品涵盖从手机到办公桌的方方面面。它发起了一项创新挑战，让来自全球研究中心的团队竞相寻找问题的解决方案。举办创意分享派对，让研究人员和销售人员相互交流，探索技术的新用途。它像管理"领结"一样管理创新漏斗[9]——从左边开始，许多创意流输入，然后减少到几个有足够发展潜力的创意；向右拓展，随着规模扩大，新产品的收入流不断扩大。

为了系统地鼓励更多自主创新行为，纳弗将人力资源部门的名称改为更优工作环境支持部门（BWS），将招聘员工的角色赋予业务部门，并将 BWS 的角色重新定义为提供信息和便利，以便业务部门可以招聘到它们需要的人。

许多创新成果优异的公司采用的另一个激发内在创新动力的常

用方法是，放弃基于关键绩效指标的严格绩效评估，这有助于引导员工远离狭隘的目标。例如，奈飞用经理和员工间关于绩效更频繁、更自然的对话取代了绩效评估。纳弗公司完全取消了基于角色的关键绩效指标和目标。微软、通用电气和礼来公司也采取了同样的做法。

为提高市场意识，星巴克建立了一个名为 Workplace 的内部平台，让员工能够分享见解。当一名商店经理发布消息称他每天要卖出 20 份某个不在星巴克官方产品单上的东西时，其他经理注意到了这一点，并且几小时后，更多的经理说他们一天也能卖出 20 份、30 份或 40 份。该产品在 Instagram 上也很受欢迎。那天晚上，星巴克品类营销团队发现了这一点，并在第二天早上通知经理们，他们已将这种产品添加到了官方产品单中。过去可能需花几周才能做完的事情现在只花了 24 个小时。[10]

建立支持性组织结构

仅仅依靠领导力和人才，无法系统化推进创新。为此，还需要建立支持性的组织结构。

如第 2 章所述，要开展创新，员工必须能自由地实施以下四个步骤：

- 发现新的机会。
- 评估并选择利用哪些机会。
- 主动采取行动抓住这些机会。

- 整合资源实现机会。

不幸的是，组织结构会产生阻力，限制员工采取这些措施。正如一位受访者所说，"我们不推动创新……员工逃避创新"。贝恩公司研究发现，由于组织结构的拖累，公司平均损失了 25% 以上的生产力。[11] 问题可能更严重，加里·哈默的研究表明，2/3 的员工表示，近年来官僚主义愈演愈烈。[12] 我们对该主题的宏观研究表明，内部创新水平与四类组织结构因素之间存在统计学意义上的显著联系，这四类组织结构因素为：

- 创新资源（资金和员工时间）
- 奖励制度
- 允许冒险
- 组织自由度

创新资源

大多数创新型公司，无论是表现平平还是绩效优异，都会采取惯常的做法，即给员工自由时间从事特定的增长项目，或者通过竞赛让获奖者有钱和时间实现创意。Adobe 因 Kickbox 计划广受媒体关注。该计划实际上是准备一个盒子，里面装着钱（1000 美元的礼品卡，员工可以用来验证他们的创意）、创新工具和模板、咖啡因（一张星巴克礼品卡）和糖（一根糖果棒）。[13] 迈克尔·施拉格的"5×5×5"实验模型（给 5 个人 5 周时间和 5000 美元）在我们的许多客户中深受欢迎。不过，如今被广泛采用的这些方法已成为竞争的基本筹码。创新成果优异的公司的做法远远不止这些。

例如，腾讯不仅关注项目投资回报率，还重视创新洞察力、赢得同行的尊重等价值观。纳弗公司意识到其奖励制度阻碍了创新合作，因此没有将员工薪酬与个人绩效挂钩，而是与团队绩效挂钩。为了让设计师从长远考虑设计工作，苹果首席设计官乔纳森·伊夫（Jony Ive）领导的设计团队不用向财务部门或生产部门汇报。他们自己编制预算，不用考虑生产可行性；可以绕过预算层级，直接向执行团队报告。[14]

奖励制度

奖励员工创新可以采取多种形式。最常见的是与财务奖励挂钩的创新竞赛。例如，在腾讯，提出新创意的员工可以获得现金奖励——重新设计界面可获得 500 元奖励，重大创新可获得 100 万元奖励。[15] 不过，奖励不一定是金钱上的。例如，动视暴雪（Activision Blizzard）以更富创造性的方式庆祝员工和创新者的成就。公司的办公室里摆满了象征性的战利品，比如剑、仪式性的勋章、戒指、盾牌和战斗面具，以庆贺员工付出的努力。

我们在众多创新成果优异的公司中看到的一种动力是激发内部竞争。胜利的激情比金钱更能激励人。腾讯的文化被比作"鲨鱼子宫"，指的是一些未出生的鲨鱼为了生存而吃掉兄弟姐妹。[16] 亚马逊每年都会裁员，创造了一个被亚马逊前人力资源总监称为"有意为之的达尔文主义"的环境。[17] 我采访过的前亚马逊员工抱怨这种做法，但这似乎推动了公司的创新和利润增长。

中国消费电子产品和家电制造商海尔拥有 8 万名员工，近年来收入激增至 300 亿美元，利润达到 200 亿美元。海尔将员工视作"微型企业家"，他们相当于经营着 3000 家"微型企业"。海尔员工必须与其他类似项目团队竞争，他们通过竞争获得项目，然后通过进一步的竞争确保项目成功。这就促使他们要发挥创造力和创新精神，并善于利用资源。正如海尔前首席执行官张瑞敏所言："互联网时代到来后，我们意识到，在这种三角层级结构下，人们很难适应时代的要求。因此，我们将自己改造成了一个创业平台。"[18]

允许冒险

我采访的所有内部创新者几乎都认为，领导者愿意承担冒险、接受失败是释放员工创新潜力的关键。大量研究表明，公司所有者对失败和冒险的容忍度与公司创新能力密切相关。[19]贝佐斯说："如果失败就像升职的丧钟，那么不会有很多人去尝试……如果你事先知道会起作用，那就不是试验。如果你想富有创造力，就必须做很多试验，但这意味着你会失败很多次。"[20]

我们尚未从创新成果优异的公司发现支持冒险的令人信服的结构化理念，至今仍然没有系统地解决这个问题。然而，员工冒险失败却受到表扬的轶事比比皆是。脸书以庆祝员工失败而闻名，谷歌母公司 Alphabet 也是如此。Google X 的负责人阿斯特罗·泰勒（Astro Teller）认为，表扬失败是一种鼓励员工寻找重大机遇或"大山"的做法。他说："如果你在他们回来时羞辱他们，如果你因为他们没有找到大山而表示失望，无论他们多么努力地寻找，或者多么聪明地寻找，那么这些人都会离开公司。"[21]

不幸的是，内部创新者告诉我，在大多数公司里，失败的代价是巨大的。如果你判断出员工在失败后职业生涯会发生什么变化，应该能够识别那些抑制冒险的组织规范。

组织自由度

为确保有更大的组织自由度以创造我采访过的一位内部创新者所说的"行动自由"，许多创新成果优异的公司试图将大的层级单位分解成更小的团队。例如，腾讯建立了小型快速行动组，推出"微创新"并进行测试和迭代。

亚马逊为提高组织自由度采取的另一个有趣做法是不限制使用特定技术。虽然苹果和谷歌等许多大公司创建了员工期望使用的内部软件工具和平台，但亚马逊采取了相反做法，允许员工使用他们认为的最合适的技术。该公司还避开了公司政策和程序，允许员工在具体操作上享有更大自由。[22]

许多创新成果优异的公司重新考虑将物理空间作为提高组织自由度的结构性因素。脸书的大部分空间都是可重构的，墙壁和家具可以移动，因此人们可以随意创建开放式的创新实验室和私人空间。迅销公司（Fast Retailing）是迅速发展的日本服装零售商优衣库的母公司，它创建了优衣库东京城，可以容纳来自公司各业务部门约1100名员工，主要目的是激发员工创造力和协作精神。类似地，纳弗建造了一座绿色工厂，在一个中央开放式会议区周围建"吊舱"，而不是办公空间。

塑造正确的文化

> 你必须发现人们的错误，并让犯错变得可以接受。你还要鼓励人们不要只是谨慎行事，而要敢于冒险。
>
> ——彼得·西姆斯，《小亏大赢》作者

即使拥有领导力、人才和结构，如果没有正确的文化引导，创新也可能会逐渐消失。如第9章所述，与高水平内部创新相关的企业文化鼓励四种价值观（请注意，这些价值观与成功创新人才的特质密切相关）：

- 创新思维
- 自主性和积极性
- 市场意识
- 冒险精神

创新成果优异的公司倡导与这四种价值观契合的文化规范。例如，阿里巴巴CEO马云把公司价值观称为"六脉神剑"，这一说法借用自金庸的武侠小说《天龙八部》。每条"脉"都代表着一种价值观，即客户第一、团队合作、拥抱变化、诚信、激情和敬业。你会注意到，这些价值观涉及上面所列四个文化特质中的三个。公司在一定程度上根据践行价值观的情况对员工进行绩效评级。

腾讯的价值观——正直、进取、协作、创造，与四个特质中的两个相匹配。因美纳公司（帮助将人类基因组测序成本从十年前的100万美元降至4000美元的基因组公司）的价值观——"创新、合作、快速、开放、活力和有趣"[23]——符合四者中的两个特质。同样，贝佐斯将亚马逊的成功归功于其秉持的三个理念："客户第一、创新、耐心。"这些至少与四个特质中的三个相匹配。

通过万事达卡与美国运通的价值观对比，你会发现万事达卡的价值观（例如"敏捷性"和"主动性"）符合四个特质，而美国运通的价值观（例如"成功意愿"和"个人责任"）仅符合一个特质（"客户承诺"与市场意识相关)。万事达卡的创新战略多管齐下，涉及全部四类驱动因素，但文化发挥了至关重要的作用。万事达卡的成功从数字上看非常明显，过去五年，它在增长率、利润率、资本回报率、股东总回报率等多个绩效维度上都超过美国运通。

鼓励公司确立正确的文化规范有多种形式。例如，动视暴雪为培养创新文化，指定了三名拥有知识大师（Loremaster）头衔的员工，他们的工作是"授权公司其他地下城主，让他们可以发挥自己的能力"。

自主性和积极性是几乎所有创新型公司都鼓励的文化规范。史蒂夫·乔布斯曾将创新描述为"因为一个新想法或者意识到思考问题的方式存在疏漏，人们在走廊上碰面或在晚上十点半的时候打电话"。[24] 阿里巴巴一直希望以创造性的方式提高员工敬业度。公司成立初期，创始人马云规定员工从居住地到办公室不能超过 15 分钟，这样可以加班到很晚，而且业余时间也能到公司上班。目前，公司已放弃了这种做法，但仍有一些措施鼓励高强度工作。例如，阿里巴巴并不反对内部关系，员工工作时间越长，这种关系就越普遍。事实上，公司鼓励这样做，它每年都会为员工举办一场"集体婚礼"，其中许多新人都是在工作中认识的，马云会出席婚礼。

为提高市场意识，康乐保公司鼓励员工每年家访一位患者，在患者家中喝杯咖啡，并与他们交谈。与市场（或者更准确说是与患者）建立亲密关系对康乐保的成功尤为重要，因为该公司的产品是帮助患者解决个人和隐私问题，在患者和员工之间建立信任非常关键。

利丰（Li & Fung）作为全球最大的零售商供应链管理公司之一，通过丰学院（Fung Academy）培养市场意识，让数百名高级经理能接触到奇点大学创始人雷·库兹韦尔（Ray Kurtzweil）和彼得·戴曼迪斯（Peter Diamandis）以及 Google X 联合创始人汤姆·齐等领先思想家。它聘请了全球零售分析师德博拉·韦恩斯威格（Deborah Weinswig）领导一个由 27 名博士组成的团队，研究正在改变新零售生态系统的颠覆性技术，例如物联网、数字支付和全渠道零售。这些做法有助于让公司员工保持领先。[25]

我们要去何方

> 天时不如地利，地利不如人和。
>
> ——孟子

归根结底，我们今天所经历的正是我们已经走了几千年的道路的下一步。在人类存在的最初 50 万年里，我们以小部落的形式组织起来，建立机动部队进行狩猎和采集食物。

公元前 7000 年左右，我们开始播种和开垦花园。我们从猎人群体演化成农民，建立城镇和村庄，并创建了依靠等级制度维护团结的政府。

我们最终发现了专业化的力量。人们可以掌握更具体的技能——成为鞋匠、石匠、管理员，并开始认为自己属于某个组织。这些组织与任何有机体一样，由各司其职的器官组成。

然后，在 18 世纪末，我们发现了如何制造机器和利用能源，并开始协调生产线上的工作。鞋匠可以更专业化，一个人做鞋底，一个人缝外壳，一个人把鞋放在车间等待出售。今天，我们的商业概念仍被生产线的比喻所主导。我们将行业视为链条（供应商将商品交给制造商，制造商通过渠道进行分销）。

然而，随着变革步伐加速，以及交易和协调成本的下降，传统组织形式正处于一个转折点。集权体制开始让位于一种新组织形式，这种新组织的轮廓正在以不同风格和不同名称出现在我们周围。

团队中的团队

在军队里，斯坦利·麦克里斯特尔将军发现，将联合特种作战特遣部队严密的等级结构重组为"团队中的团队"，可以使部队更有效对抗敏捷、非对称的敌人。尽管美军在规模、装备和训练方面具有优势，但这些优势在面对伊拉克基地组织时却是无效的。伊拉克基地组织不同于按传统军事原则建立的任何组织，它由分散的单元构成，发起攻击后就融入人群。由于它没有正式的报告层级，也就没有明确的权力中心可以作为目标。

麦克里斯特尔尝试了一种新的组织理念，称之为"团队中的团队"。他将组织分解为独立的小团队，然后组成一个"伞形"团队——团队中的团队，以帮助各单位相互协调。于是，他的部队开始获胜了。

开放式组织

作为一家领先的开源软件公司，红帽公司意识到，其组织独立开发者社区协作开发软件具有悠久历史，这些经验也可以应用于公司自身的管理。它开始采用一种称之为"开放式组织"的模式，这种组织没有自上而下的层级，而是由拥有共同目标的人员构成。决策具有包容性，首席执行官的任务不是发号施令，而是召集对话和鼓励辩论。

合弄制

像美捷步这样的公司正在试验一种新的组织概念，叫作"合弄制"，首席执行官谢家华将其描述为"让每个人都成为迷你首席执行官"。员工不再拥有永久角色和头衔，而是按合约完成需要履行的工作，以帮助组织获得成功。他们的角色可能每周都会变化。与全职工作相比，这些角色分解得更细，因此在任何特定时间，你可能拥有多达 20 个角色。

平台

优步和爱彼迎的成功让许多公司开始探索实践这样一个理念，即与其生产、拥有和销售物品，不如帮助物品供应商和用户找到彼此。微软最近的复苏在一定程度上是由于接受了这一理念。微软的 LinkedIn 业务帮助专业人士发现彼此，找到雇主，Skype 帮助用户交流，Xbox 专用游戏平台帮助游戏开发者接触到大量的游戏玩家社区。

区块链

区块链最初是传统货币的替代品，主要表明一种货币即使在没有央行控制的情况下也可以保持活力。不过，这种方法现在正进入许多新应用领域——教育、数字版权管理、供应链。如今，无论在哪里存在中央权威，类似区块链的模型都可能允许社区自我监管。

这些新概念正在兴起。不过，它们的共同点开始趋于一致，正引导我们走向一种新兴的组织形式。虽然还没有命名或定义下一个概念，但其轮廓正在显现。约翰·哈格尔将推动我们前进的力量称为"制度创新"，他认为，在对创新举措的所有讨论中，我们"可能会错过一个未得到充分利用且日益相关的机会，即更基本层面的创新，也就是制度创新——重新定义机构的基本原理，并在机构内部和机构之间建立新的关系架构，以打破现有的绩效权衡，尽可能扩大影响范围"。[26]经济理论特别是企业理论表明，随着协调人才和资本的成本不断下降，企业的等级制失去了其作为配置人才和资源最佳方式的作用。集权式组织要么萎缩，要么进化，这将把我们带进一个新时代。多年来，加里·哈默一直在指明这一未来："21世纪管理模式的轮廓已经清晰。决策将更加基于同行，创造力的工具将在组织中广泛分布，思想将在平等的基础上竞争，战略将自下而上建立，权力将取决于能力而非地位。"[27]如果你的组织不适应，历史经验表明它一定会落伍。

本书中概述的七个障碍为我们展现了令人兴奋的未来组织形式。

- **意图** 在未来能够生存下来的组织将把员工的意图归还给他们，让他们成为内部创新者。

- **需求** 我们将从过于复杂的战略计划演变为简单的目标陈述，告诉员工公司和世界需要什么。

- **选择** 我们将看到创新想法不是源于会议室，而是来自我们的走廊。

- **价值阻碍** 我们将看到组织采用商业模式生态系统，让员工有更大的自由改变世界，而不仅仅是用一种既定的价值传递方式。

- **行动** 我们将放弃要求员工在采取行动前证明创意的模式，因为他们会认识到创新需要先行动才能证明。

- **团队** 我们将从等级森严的孤立结构转向可以快速移动、随意重新组合的敏捷团队。

- **环境**　随着组织转向更开放的平台，员工可以找到机会并汇聚资源来推动变革，我们将看到一个新环境的演变。我们将见证组织发生翻天覆地的变化，从要求员工按岗位描述开展工作到为其提供一个开放结构，让他们能够在既定角色之外追求和验证自己的创意。

总结

开启内部创新没有一条正确的道路。这方面的挑战看起来比实际情况更为复杂，因为我们认为要做的很多事情仅仅是"创新剧场"。从有用的工作中去除"剧场"因素表明，通过思考四组驱动因素——领导力、人才、结构和文化，可以激活内部创新，帮助公司更好地走向未来。这样做将释放价值，也需要新的领导形式和组织方式。

企业家是创新者吗

在第 1 章，我试图验证一种普遍的观点，即企业家而非员工是创新的驱动力。在这里，我介绍一下相关的研究发现。

如表 1-1（第 1 章）所示，在过去 30 年，员工而非企业家是最具变革性创新的主要来源。然而，情况有变化吗？一家领先的创业研究机构考夫曼基金会追踪了"创业活动指数"，该指数将多种及时衡量创业活动的指标集成为一个综合性指标。衡量创业活动主要依赖三个要素。[1]

- 新创业者的比例

- 新创业者的机会

- 创业密度（每 10 万人新创公司数）

除了 2015 年和 2016 年（截至本书撰写时的最近几年）是上升的，创业活动指数在过去 20 年中一直在下降，如图 A-1 所示。

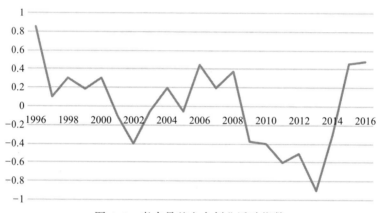

图 A-1　考夫曼基金会创业活动指数

资料来源："2017 Kauffman Index of Startup Activity," Ewing Marion Kauffman Foundation, 2017.

如果越来越多的企业家成为创新者是事实的话，那么我们预计高创新力公司名单上会出现越来越多的年轻公司。为了验证这一点，我们利用《福布斯》2011 ～ 2017 年最具创新力榜单，计算了每家公司上榜时的存续年数。如果年轻公司开始取代老牌公司，那么平均存续年数应该下降，但事实并非如此，如图 A-2 所示。

我们可能认为，像通用电气和强生这样的老牌公司正在被特斯拉或 Spotify 这样的年轻创新者取代，但数据并不支持这一点。如果说有什么不同的话，那就是最具创新精神的公司正在变得越来越老。

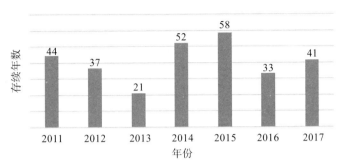

图 A-2　《福布斯》最具创新力榜单公司的平均存续年数

资料来源:《福布斯》2011 ~ 2017 年最具创新力榜单, 作者分析。

也许"公司"是错误的度量单位。毕竟, 规模较小的创业型公司还不具有在任何一年内推出多项创新的规模, 因此"最具创新力的公司"名单可能会偏向大公司。我们转而关注创新的频率。通过《研发》杂志 2013 ~ 2017 年的百强创新名单, 我们了解了每项创新背后的公司在其创新成功时的存续年数。如果年轻公司开始代替现有公司, 我们应该看到名单上的年轻公司越来越多。但数据不支持这种趋势, 如图 A-3 所示。

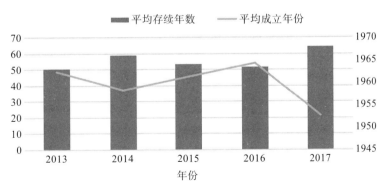

图 A-3　进入百强创新名单公司的平均存续年数和平均成立年份

价值阻碍因素列表

为了帮助你预测创意可能会遇到的价值阻碍，请查看此清单。对于每个项目，回答"Y"（是）、"N"（否）或"N/A"（不适用）。

商业模式维度	Y	N	N/A
定位：核心客户和品牌属性			
新创意的理想核心客户（用户）是否与公司当前的核心客户（用户）相同			
公司目前产品的品牌属性与新创意的理想品牌属性是否相同			
产品：提供的东西（核心和辅助产品（服务））			
你的新创意能否避免蚕食或以其他方式威胁公司当前的产品（服务）			

（续）

商业模式维度	Y	N	N/A
考虑一下实现新创意需要的所有辅助服务，包括在线订购等便利服务以及订单跟踪等扩展服务，贵公司目前是否提供这些服务			
促销：如何与核心客户沟通，包括营销、销售、公共关系和公司沟通			
你的销售团队是否会被激励优先考虑你的新创意			
你的销售团队是否与你新创意的目标核心客户有关系			
你能否培训你的销售人员，并为他们提供推广新创意的工具			
你是否与营销、公共关系和公司沟通团队建立了足够牢固的关系，并得到了他们的支持和关注			
分销：如何交付产品（服务）（例如，分销渠道、分销区域、分销方式）			
你的新创意的理想分销渠道结构是否与公司当前的分销能力相匹配？你是否已经准备好所需的分销点			
定价：如何为产品（服务）定价			
你的新创意的理想定价结构是什么？以这种方式定价是否与公司当前产品（服务）的定价方式相匹配			
流程：有利于实现价值主张的内部流程			
想想实现新创意的价值主张所需的流程，它们是否与公司当前的流程一致？比如：			
入库物流			
增加投入价值的流程（如制造）			
出库物流			
客户服务			
采购			
技术			
管理			
其他：_____			
物理体验：围绕新创意创造的物理体验，包括客户（用户）在与公司和品牌互动时看见的、闻到的、听到的、尝到的和感受到的			
公司目前向客户（用户）提供的物理体验是否与新创意的理想物理体验一致			
公司目前为员工提供的物理体验是否与新创意的理想物理体验一致			
人员：雇用的人员、组织方式以及公司文化			
公司当前的招聘方法（招聘对象和吸引方式）是否符合新创意成功所需的条件			
公司的激励结构是否符合新创意的要求			
公司文化是否符合新创意的要求			
公司组织结构是否与新创意成功所需组织结构一致			

团 队 框 架

在第8章，我介绍了许多组织成功用于建立和激活创新团队的框架及理念。你可以深入研究其中任何一种，通过上课、阅读博客、参观研讨会来了解。为了节省你的时间，我前期已做了很多工作。以下是当前最佳方法的执行摘要，我还将每种方法的最佳功能整合到了一个模型中。下列是已证明有效的五种方法。

- **目标和关键成果法（OKR）** 该方法由英特尔公司引入，由约翰·杜尔（John Doerr）等硅谷风险投资家宣传，并由谷歌推广。该方法建议，为了实现公司快速扩张，应允许员工定义自己的目标（定性任务说明），并且每个目标都有可测量的关键成果。让员工一次只关注几个目标和关键成果，确保它们对每个人都适用，并且定期更新。我们与客户使用同一个版本的目标和关键成果，发现这一方法和理念对于加快战略执行速度、增加灵活性和提高参与度非常有效，而且不会对核心绩效管理流程造成太大影响。[1]

- **约翰·科特变革加速器（XLR8）** 为适应当今趋势，科特调整了变革管理框架。他认为公司需要采用"双操作系统"，即传统的层级结构与更灵活的网络结构共存，两者通过具体运营人员松散地联系在一起。你不仅具有正式的层级角色（如某区域销售经理），而且还作为跨学科网络团队的一部分，参与特定创新的推广（如"猎豹"团队，其任务是建立新团队，销售新产品）。科特列出了推动创新团队所需的八个关键加速器，包括制造紧迫感、消除障碍、形成变革愿景和建立联盟等。[2]

- **执行四原则（4DX）** 我采访过的许多内部创新者都认可并使用过这一模型，该模型由克里斯·麦克切斯尼、肖恩·柯维和吉姆·霍林引入。该模型建议组建一个团队，只围绕一个或两个目标，然后实施四个原则：专注于"极其重要的目标"，采取引领性指标（而不是滞后性指标），坚持使用每个人都能看到的令人信服的记分卡，并创造一种责任感（通过频繁、简短、高效的会议来检查进度）。[3]

- **增长团队** 许多快速发展的科技公司，包括优步、Pinterest、FanDuel 和 HubSpot，已经开始采用专注于加速增长的团队。

这些增长团队背后的共同原则包括组建跨学科团队，紧密关注一个或几个问题或目标，快速取得胜利以及保持快速检查的节奏。在工作公告中，HubSpot 这样描述其增长团队："增长团队是 HubSpot 内部一个小型的、多功能的、专注的、数据驱动的、积极进取的团队，致力于开发新兴产品，这些产品拥有大量受众和免费增值商业模式（类似于 Dropbox 和 Evernote）。我们不断推动自己学习新的增长战略、策略和技术。作为增长团队的一员，你将有机会参与到推动一个产品从用户数数千发展到用户数数百万的过程中，同时跟一些最优秀的人一起学习和工作。"[4]

- **Scrum 团队** "Scrum"是一种团队合作理念，最初在软件开发中采用，现在广泛应用于管理活动。主要想法是将项目分解为多个部分，把未完成的工作按优先级排列。然后，一次只专注于一件事，并快速完成。为提高速度，需要确保每项工作都是独立的、可执行的和可分派的，并且对于任务完成有一个明确的界定（定义完成的标准）。该团队由"Scrum大师"组织，产品负责人和其他专家聚集在每一个项目周围。还可以设立一个"Scrum 板"，直观显示团队的进度。[5]

创新优胜者

我们对过去五年出现在《福布斯》或《快公司》"最具创新力"榜单上的367家公司的研究表明,出现在此类榜单与公司业绩之间没有相关性。因此,采用"最具创新力"公司的做法可能会赢得认可,但不一定会获得经济回报。

如第10章所述,为了确定哪些公司的创新实践可能会创造出色业绩,我们将多次出现在"最具创新力"榜单上的公司与同行进行了5年业绩比较。我们查看了以下指标的5年平均值。

- 年收入增长
- 息税前利润率
- 资本回报率
- 股东总回报率

我们列出了对至少在"最具创新力"榜单上出现过 3 次的公司的调查结果，如表 D-1 所示。每个单元格中的数字代表公司业绩高于或低于同行的百分比。例如，腾讯过去 5 年的平均息税前利润率比同行高出 49% 的标准差，其资本回报率高于 53% 的标准差。如果一家公司业绩比同行高出 30% 或更多的标准差，则其业绩会以深灰色突出显示。只有 13 家"最具创新力"公司在两项或多项指标上表现优于同行。我们称这些公司为"创新优胜者"，以浅灰色突出显示。

表 D-1　关于创新优胜者的评估

公司名称	出现次数	平均年收入增长	平均息税前利润率	平均资本回报率	平均股东总回报率
腾讯	5	−8%	49%	53%	17%
苹果	6	51%	130%	98%	14%
再生元制药	4	41%	45%	53%	4%
因美纳	3	47%	43%	36%	50%
康乐保	3	0%	141%	232%	13%
万事达卡	3	−18%	145%	279%	0%
纳弗	3	−28%	30%	34%	17%
奈飞	9	88%	−88%	−52%	134%
亚马逊	9	61%	−44%	7%	48%
星巴克	4	73%	4%	104%	17%
福泰制药	4	46%	−20%	−107%	50%
因塞特	3	92%	−56%	−87%	89%
维萨	3	−21%	177%	47%	−3%
脸书	3	−8%	42%	22%	7%
印度斯坦利华	4	−33%	5%	224%	N/A

（续）

公司名称	出现次数	平均年收入增长	平均息税前利润率	平均资本回报率	平均股东总回报率
爱茉莉	3	56%	−6%	2%	−1424%
红帽	4	79%	−29%	−3%	−6%
Adobe	3	15%	23%	15%	86%
亚力兄制药	4	83%	20%	−33%	−22%
百利高	3	39%	−72%	−78%	−9%
动视	2	1%	45%	−12%	29%
赛富时	4	14%	−25%	−4%	3%
乐天	3	3%	−7%	−127%	−78%
艾派迪	2	−18%	15%	18%	−10%
联合利华	8	−15%	−4%	21%	−1%
万豪	6	−49%	−60%	−29%	18%
Alphabet	5	−87%	−6%	−40%	−21%
迅销	4	17%	−8%	0%	−5%

致　　谢

这本书是我多年前萌生的一个想法的结晶，是在对话、采访的基础上写成的，凝聚了许多人的洞见。我要感谢的人太多了，这里没有一一列出。我感谢众多思想领袖的慷慨，尽管他们日程繁忙，但还是花时间分享了他们的想法并给予了指导。我要特别感谢Bharat Anand, Ellen Auster, Gordon Bell, Steve Blank, Sarah Caldicott, John Camillus, Eric Clemons, Jack Daly, Joel Demski, Bob Dorf, Elizabeth Haas-Edersheim, Michael Gelb, John Hagel, Gary Hamel, Verne Harnish, Chuck House, Prescott Logan, Roger Martin, John Mullins 和 Jeff Sutherland 的贡献。George Day 和 Rita McGrath 在本书的写作过程中发挥了特别重要的作用。

令我惊讶的是，挖掘内部创新者的故事比探寻企业家的故事要难得多，如果没有 Hector Aguilar, Wayne Barakat, David Bem, Alejandro Bernal, Debra Brackeen, Julie Copeland, Karen Dahut, Mariano Dall'Orso, Vince Danielson, Hoby Darling, Flint Davis, Heather Davis, Johanna Dwyer, Bran Ferren, Ellie Gates, Russ Gong, Doug Greenlaw, Greg Hale, Don Hastings, Dan Hess, Sunita Holzer,

Sheila Hooda, Mir Imran, Michele Landon, Gary Lyons, Janice Maiden, Phil Marks, Fariba Marvasti, Vijay Mayadas, Carmen Medina, Sean Neff, Pat Pacious, Lee Pilsbury, George Pyne, Brendan Ripp, Joaquin Roca, Mark Saine, Keith Shah, Andrew Sherman, Robert Sinclair 和 Marina Zhurakhinskaya 等人的倾情分享，我不可能做到这一点。我要特别感谢 Jean Feiwel 的详尽介绍，并允许我将她的工作经历作为本书的素材。

我很幸运有机会与来自各行各业的战略负责人互动。我要特别感谢 Jacques Antebi, Eric Chesin, Ken Eng, Kalina Nikolova, Russel Noles, Chris Nuttall, Caroline O'Connell, John Penney 和 Milena Schafer，他们的洞见为我了解激活内部创新所面临的组织挑战提供了宝贵启示。

我的 Outthinker 团队成员——Charmian Hall，Katie Mullin 和 Zach Ness，在过去的几年中花了无数时间帮助完善本书的核心内容。此外，研究人员、作家、编辑和朋友形成了一个扩展网络，这些人有 Bill Ardolino, Mike Brassaw, Leslie DaCruz, Juan-Jose Gonzalez, David Greene, Erik Hane, Jill Hellman, Jody Johnson, Margaret McIntyre, Jonathan Muhlrad, Victor Saavedra, Karyn Strait 和 Shannon Wallis 等，他们的协作和努力起到了至关重要的作用。

我的妻子 Pilar Ramos 尽管担任费神费力的企业高管，并致力于成为一名出色的母亲，但还是抽空帮我厘清想法，为我提供周末和深夜写作的空间。她坚定地支持我写完了五本书。我非凡的孩子们——卢卡斯、凯拉和马卡尔，为这本书和我的生活注入了激情和目标。

1999 年，我的经纪人 Laurie Harper 冒险支持我这样一个只写过期末论文的不知名的年轻商科学生。自那以后，她一直是我的向导和支持者。我有机会做我喜欢做的事，主要归功于她。

最后，衷心感谢我的编辑 Maggie Stuckey。对于那些认为编辑所做的就是在标点符号和语法的细节上小题大做的人，我想向你介绍 一下 Maggie。这是我们合作的第三本书，这次我没有让她的工作轻松。真正的专业人士完成的编辑工作是看不见的，但我在每一页书上都看到了 Maggie 的细腻笔触。她向我指明书中的逻辑错误，并提出很好的解决方案。她通过具体建议让文字更加简洁明了。她指出写得不好的地方，并提出改进建议，甚至让我免于犯一个非常尴尬的愚蠢错误。她在极其紧凑的日程安排下完成了这一切，并始终保持着优雅和幽默。

注　释

第 1 章

1. John Perlin, n.d. "Photovoltaics," California Solar Center, accessed July 31, 2018, http://californiasolarcenter.org/history-pv/.

2. Geoffrey Jones, *Profits and Sustainability: A History of Green Entrepreneurship* (Oxford: Oxford University Press, 2017).

3. Gifford Pinchot III, "Who Is the Intrapreneur?" in *Intrapreneuring: Why You Don't Have to Leave the Corporation to Become an Entrepreneur* (New York: Harper & Row, 1984), 28.

4. Peter F. Drucker, *Classic Drucker: Wisdom from Peter Drucker from the Pages of Harvard Business Review* (Boston: Harvard Business Review Books, 2006), 69.

5. "A World Transformed: What Are the Top 30 Innovations of the Last 30 Years?" Knowledge@Wharton, February 18, 2009, http://knowledge. wharton.upenn.edu/article/a-world-transformed-what-are-the-top-30-innovations-of-the-last-30-years/.

6. Thomas S. Kuhn, *The Structure of Scientific Revolutions*, 3rd ed. (Chicago: University of Chicago Press, 1996).

7. Deborah Arthurs, "Now We Know Who to Blame! Flat-Pack Revolution Sparked When an IKEA Designer Sawed the Legs Off a Table to Fit in His Car," *Daily Mail*, July 19, 2013, http://www.dailymail.co.uk/femail/ article-2370113/Ikea-designer-Gillis-Lundgren-sparked-flat-pack-revolution-sawing-table-legs-fit-car.html.

8. Emily Langer, "Gillis Lundgren, Designer of Ikea's Ubiquitous Billy Bookcase, Dies at 86," *Washington Post*, March 10, 2016, https://www. washingtonpost.com/world/europe/gillis-lundgren-designer-of-ikeas-ubiquitous-billy-bookcase-dies-at-86/2016/03/10/a1ec674a-e60b-11e5-a6f3-21ccdbc5f74e_story.html?utm_term=.25184e5dd56b.

9. Marin Reeves, Simon Levin, and Daichi Ueda, "The Biology of Corporate Survival," *Harvard Business Review*, January–February 2016, https://hbr.org/2016/01/the-biology-of-corporate-survival.

10. "2017 Kauffman Index of Startup Activity," Ewing Marion Kauffman Foundation, 2017, https://www.kauffman.org/kauffman-index/reporting/startup-activity/~/media/c9831094536646528ab012dcbd1f83be.ashx.

11. Ray Kurzweil, *The Singularity Is Near: When Humans Transcend Biology* (New York: Viking, 2005).

12. Salim Ismail, *Exponential Organizations: Why New Organizations Are Ten Times Better, Faster, and Cheaper Than Yours (and What to Do About It)* (New York: Diversion Books, 2014).

13. "State of the Global Workplace," Gallup, 2017, https://www.gallup.com/workplace/238079/state-global-workplace-2017.aspx.

14. "State of the Global Workplace."

第 2 章

1. Zoltán J. Ács, ed., *Global Entrepreneurship, Institutions and Incentives: The Mason Years* (Cheltenham, UK: Edward Elgar, 2015), 562.

2. Sjoerd Beugelsdijk and Niels Noorderhaven, "Personality Characteristics of Self-Employed: An Empirical Study," *Small Business Economics* 24, no. 2 (2005): 159–167.

3. George Pyne, interview by Kaihan Krippendorff, April 25, 2014.

4. Raymond L. Price et al., "Innovation Politics: How Serial Innovators Gain Organisational Acceptance for Breakthrough New Products," *International Journal of Technology Marketing* 4, no. 2/3 (2009): 181.

5. Hoby Darling, interview by Kaihan Krippendorff, May 2015.

6. Donald F. Kuratko and Michael G. Goldsby, "Corporate Entrepreneurs or Rogue Middle Managers? A Framework for Ethical Corporate Entrepreneurship," *Journal of Business Ethics* 55, no. 1 (2004): 13–30.

7. Israel Kirzner, *Competition and Entrepreneurship* (Chicago: University of Chicago Press, 1973); Robert A. Burgelman, "Intraorganizational Ecology of Strategy Making and Organizational Adaptation: Theory and Field Research," *Organization Science* 2, no. 3 (1991): 239–262.

8. Melissa Cardon, Richard Sudek, and Cheryl Mitteness, "The Impact of Perceived Entrepreneurial Passion on Angel Investing," in *Frontiers of Entrepreneurship Research* 2009, ed. Andrew L. Zacharakis (Wellesley, MA: Babson College, 2009); Melissa S. Cardon and Christopher E. Stevens, "The Discriminant Validity of Entrepreneurial Passion," *Academy of Management Proceedings* 2009, no. 1 (2009): 1–6.

9. Liam Kennedy, "Top 400 Asset Managers 2018: 10 Years of Asset Growth," *IPE*, June 2018, https://www.ipe.com/reports/special-reports/top-

400-asset-managers/top-400-asset-managers-2018-10-years-of-asset-growth/10025004.article.

10. Donald Sull, Rebecca Homkes, and Charles Sull, "Why Strategy Execution Unravels—and What to Do About It," *Harvard Business Review*, March 2015, https://hbr.org/2015/03/why-strategy-execution-unravelsand-what-to-do-about-it.

第 3 章

1. Ashley Strickland, "Swoon Lets YA Readers Choose Which Books Get Published," *CNN*, October 16, 2014, https://edition.cnn.com/2014/10/15/living/crowdsourced-young-adult-swoon/index.html; Sally Lodge, "Macmillan Expands Scope of Swoon Reads," *Publishers Weekly*, November 22, 2016, https://www.publishersweekly.com/pw/by-topic/childrens/childrens-industry-news/article/72101-macmillan-expands-scope-of-swoon-reads.html; Alexandra Alter, "Publishers Turn to the Crowd to Find the Next Best Seller," *New York Times*, August 11, 2014, https://www.nytimes.com/2014/08/12/business/media/publishers-turn-to-the-crowd-to-find-the-next-best-seller.html.

2. Jay Yarow, "This Is an Awesome and Inspiring Quote from Jeff Bezos on What It Takes to Make Invention Happen," *Business Insider*, August 14, 2013, https://www.businessinsider.com/jeff-bezos-on-how-innovation-happens-2013-8.

3. "Cinnabon's Kat Cole: Savoring the Sweet Taste of Success," Knowledge@Wharton, February 6, 2015, http://knowledge.wharton.upenn.edu/article/141022_kw_radio_cole-mp3/.

4. Chuck House, interview by Kaihan Krippendorff, December 14, 2014.

5. Richard Wiseman, "The Luck Factor," *Skeptical Inquirer: The Magazine for Science and Reason* 27, no. 3 (2003): 26–30.

6. Wiseman, "The Luck Factor."

7. Lee Pilsbury, interview by Kaihan Krippendorff, July 23, 2015.

8. Shaun Neff, interview by Kaihan Krippendorff, January 6, 2014.

9. Kendra Scott, interview by Kaihan Krippendorff, May 30, 2018.

10. Norris F. Krueger and Alan L. Carsrud, "Entrepreneurial Intentions: Applying the Theory of Planned Behaviour," *Entrepreneurship & Regional Development* 5, no. 4 (1993): 315–330.

11. Albert Bandura, *Social Foundations of Thought and Action: A Social Cognitive Theory* (Englewood Cliffs, NJ: Prentice-Hall, 1986).

12. Adapted from Amanda Mortimer, *This Is It! It's Your Life, Live It* (Self-published, 2013), 185.

13. Steven Pressfield, *The War of Art: Break Through the Blocks and Win Your Inner Creative Battles* (New York: Black Irish Entertainment, 2002), 161.

第 4 章

1. Janet Bumpas, "Innovation Track Record Study," Strategyn, 2010.

2. Google annual 10-Ks for 2001 and 2008.

3. Thomas Wedell-Wedellsborg and Paddy Miller, "Get More Actionable Ideas from Your Employees," *Harvard Business Review*, November 25, 2014, https://hbr.org/2014/11/get-more-actionable-ideas-from-your-employees.

4. "Our Company," Google, n.d., accessed July 31, 2018, https://www.google.com/about/our-company/; Timothy O'Keefe, "Because We LUV You!" *Southwest Airlines*, December 4, 2011, https://www.southwestaircommunity.com/t5/Southwest-Stories/quot-Because-we-LUV-you-quot/ba-p/36586; "We Pioneer," Amazon, n.d., accessed July 31, 2018, https://www.amazon.jobs/en/working/working-amazon; "Company Overview," Alibaba Group, n.d., accessed July 31, 2018, https://www.alibabagroup.com/en/about/overview; "A Purpose Beyond Profits," Johnson & Johnson, October 8, 2009, https://www.jnj.com/health-and-wellness/a-purpose-beyond-profits; Barbara Farfan, "Disney's Unique Company Mission Statement," *Balance Small Business*, November 12, 2017, https://www.thebalancesmb.com/disney-mission-statement-2891828.

5. Marina Zhurakhinskaya, interviewed by Kaihan Krippendorff, January 21, 2016.

6. Michael Treacy and Fred Wiersema, *The Discipline of Market Leaders: Choose Your Customers, Narrow Your Focus, Dominate Your Market* (Reading, MA: Addison-Wesley, 1995).

7. Mehrdad Baghai, Steve Coley, David White, and Stephen Coley, *The Alchemy of Growth: Practical Insights for Building the Enduring Enterprise* (Reading, MA: Perseus Books, 1999).

8. Vijay Govindarajan, *The Three Box Solution: A Strategy for Leading Innovation* (Boston, MA: Harvard Business Review Press, 2016).

9. Peter F. Drucker, *Innovation and Entrepreneurship* (New York: Harper Business, 2006).

10. Kevin Systrom, "Statement from Kevin Systrom, Instagram Co-Founder and CEO," *Instagram Press*, September 24, 2018, https://instagram-press.com/blog/2018/09/24/statement-from-kevin-systrom-instagram-co-founder-and-ceo/.

第 5 章

1. Jean Feiwel, interview by Kaihan Krippendorff, June 18, 2018.

2. Jeremy Schoolfield, "Keeping a Watchful Eye Over the Fun," IAAPA press release, November 2016, http://www.iaapa.org/news/newsroom/news-articles/keeping-a-watchful-eye-over-the-fun---november-2016.

3. "Greg Hale," AALARA Conference and Trade Show 2017, https://aalara.com.au/wp-content/uploads/2017/04/Greg-Hale.pdf.

4. "Patents by Inventor Gregory Hale," JUSTIA Patents, April 5, 2018, https://patents.justia.com/inventor/gregory-hale.

5. Lois Kelly and Carmen Medina, *Rebels at Work: A Handbook for Leading Change from Within* (Sebastopol, CA: O'Reilly Media, 2014); Carmen Medina, interview by Kaihan Krippendorff, February 28, 2015.

6. John Szramiak, "This Story About Warren Buffett and His Long-Time Pilot Is an Important Lesson About What Separates Extraordinarily Successful People from Everyone Else," *Business Insider*, December 4, 2017, https://www.businessinsider.com/warren-buffetts-not-to-do-list-2016-10.

7. "Vijay Govindarajan Quotes," Primo Quotes, n.d., accessed July 31, 2018, https://www.primoquotes.com/quotes/Vijay_Govindarajan.

第6章

1. Michael Feiner, *The Feiner Points of Leadership: The 50 Basic Laws That Will Make People Want to Perform Better for You* (New York: Business Plus, 2005).

2. Gordon Bell, interview by Kaihan Krippendorff, January 2, 2015.

3. George Day, interview by Kaihan Krippendorff, May 31, 2018.

4. "The Xbox, the Duke, Jurassic Park: The Fascinating Career of Seamus Blackley," *IGN Unfiltered* 31, YouTube, May 15, 2018, https://www.youtube.com/watch?v=Xi7T80JJLsY; Dean Takahashi, "The Making of the Xbox: How Microsoft Unleashed a Video Game Revolution (Part 1)," *Venture Beat*, November 14, 2011, https://venturebeat.com/2011/11/14/making-of-the-xbox-1/2/.

5. Brendan Ripp, interview by Kaihan Krippendorff, April 4, 2016.

6. Phil LeBeau, "Record Number of Americans Leasing Autos," *CNBC*, June 1, 2015, https://www.cnbc.com/2015/06/01/record-highs-of-americans-leasing-vehicles.html.

7. Kaihan Krippendorff, *Hide a Dagger Behind a Smile: Use the 36 Ancient Chinese Strategies to Seize the Competitive Edge* (Grand Prairie, TX: Platinum Press, 2008), 6.

8. Nidhi Srivastava and Anand Agrawal, "Factors Supporting Corporate Entrepreneurship: An Explorative Study," *Vision: The Journal of Business Perspective* 14, no. 3 (2010): 163–171.

9. Michael E. Porter and Victor E. Millar, "How Information Gives You Competitive Advantage," *Harvard Business Review* 63, no. 4 (1985): 149–160.

10. See, for example, George Day, *Innovation Prowess: Leadership Strategies for Accelerating Growth* (Philadelphia: Wharton Digital Press, 2013);

Srivastava and Agrawal, "Factors Supporting Corporate Entrepreneurship."

11. Based on the Charles A. O'Reilly, David Nadler, and Michael Tushman, "Designing and Aligning Organizations: The Congruence Model," working paper, Harvard Business School, 2016.

第 7 章

1. Thomas Wedell-Wedellsborg and Paddy Miller, "The Case for Stealth Innovation," *Harvard Business Review*, March 2013, https://hbr.org/2013/03/the-case-for-stealth-innovation.

2. Amar Toor, "Meet Harry Beck, the Genius Behind London's Iconic Subway Map," *Verge*, March 29, 2013, https://www.theverge.com/2013/3/29/4160028/harry-beck-designer-of-iconic-london-underground-map.

3. Peter Sims, *Little Bets: How Breakthrough Ideas Emerge from Small Discoveries* (New York: Free Press, 2011).

4. Andrew Leonard, "Reid Hoffman: To Successfully Grow a Business, You Must 'Expect Chaos'," *Entrepreneur*, April 24, 2017, https://www.entrepreneur.com/article/292749; Steve Blank, *The Four Steps to the Epiphany: Successful Strategies for Products That Win* (California: S. G. Blank, 2007), 17; Jeff Sutherland: I found the quote here: https://www.linkedin.com/pulse/101-agile-leadership-quotes-every-business-leader-brian/.

5. Eric Ries, *The Startup Way: How Modern Companies Use Entrepreneurial Management to Transform Culture and Drive Long-Term Growth* (New York: Crown, 2017).

6. Michael Schrage, *The Innovator's Hypothesis: How Cheap Experiments Are Worth More Than Good Ideas* (Cambridge, MA: MIT Press, 2014).

7. Prescott Logan, interview by Kaihan Krippendorff, December 10, 2014; interview by Kaihan Krippendorff, June 12, 2015.

8. Steve Blank, "Why Founders Should Know How to Code," September 3, 2014, http://steveblank.com/2014/09/03/should-founders-know-how-to-code/.

9. Peter Cohan, "How P&G Brought Febreze Back to Life," *Telegram*, February 26, 2012, http://www.telegram.com/article/20120226/COLUMN70/102269984.

10. Geoffrey A. Fowler, "The Man Who Got Us to 'Like' Everything," *Wall Street Journal*, August 13, 2011, https://www.wsj.com/articles/SB10001424053111904007304576499220914732798.

11. "Wm. Wrigley Jr. Company 2007 Annual Report," https://www.sec.gov/Archives/edgar/data/108601/000119312508025818/dex13.htm.

12. Jeff Sutherland and J. J. Sutherland, *Scrum: The Art of Doing Twice the Work in Half the Time* (New York: Crown Business, 2014), 214.

第 8 章

1. John P. Kotter, "Accelerate!" *Harvard Business Review*, November 2012, https://hbr.org/2012/11/accelerate; see also John P. Cotter, *Accelerate: Building Strategic Agility for a Faster-Moving World* (Boston: Harvard Business Review Press, 2014).

2. "Redbox," *Wikipedia*, accessed July 31, 2018, https://en.wikipedia.org/wiki/Redbox; Davis Freeberg, "A Virtual Happy Meal: McDonald's Redbox a Smashing Success," *Seekng Alpha*, December 1, 2006, https://seekingalpha.com/article/21558-a-virtual-happy-meal-mcdonalds-redbox-a-smashing-success.

3. Don Hastings and Leslie Hastings, interview by Kaihan Krippendorff, June 14, 2016; see also Donald F. Hastings and Leslie A. Hastings, *Behind the Mask: Embrace Risk and Dare to Be Better* (Bloomington: Xlibris, 2014).

4. George Day, "Research on Growth Leaders," unpublished paper, 2016.

5. Susan Douglas and Bernard Dubois, "Looking at the Cultural Environment for International Marketing Opportunities," *Columbia Journal of World Business* 12, no. 4 (1977): 102–118; Geert Hofstede, "The Cultural Relativity of Organizational Practices and Theories," *International Business Studies* 14, no. 3 (1983): 75–89; David K. Tse, John K. Wong, and Chin Tiong Tan, "Towards Some Standardized Cross-Cultural Consumption Values," *Advances in Consumer Research* 15, no. 1 (1988): 387–395.

6. Donald Sull, Rebecca Homkes, and Charles Sull, "Why Strategy Execution Unravels—and What to Do About It," *Harvard Business Review*, March 2015, https://hbr.org/2015/03/why-strategy-execution-unravelsand-what-to-do-about-it.

7. Chris McChesney, Sean Covey, and Jim Huling,*The 4 Disciplines of Execution: Achieving Your Wildly Important Goals* (New York: Free Press, 2012).

8. Hanneke J. M. Kooij-de Bode, Daan L. Van Knippenberg, and Wendy P. Van Ginkel, "Good Effects of Bad Feelings: Negative Affectivity and Group Decision-Making," *British Journal of Management* 21, no. 2 (2010): 375–392.

9. Brian Balfour, "Why Focus Wins," Brian Balfour, April 23, 2014, https://brianbalfour.com/essays/why-focus-wins.

10. Marc Benioff, "How to Create Alignment Within Your Company in Order to Succeed," *Salesforce* (blog), April 09, 2013, https://www.salesforce.com/blog/2013/04/how-to-create-alignment-within-your-company.html.

11. Tracy Stapp Herold, "Top Fastest-Growing Franchises for 2015," *Entrepreneur*, February 6, 2015, https://www.entrepreneur.com/article/241670; Ananya Barua, "Top 10 Largest Hotel Chains in the World," *List Surge*, September 14, 2015, https://listsurge.com/top-10-largest-hotel-chains-in-the-world/.

12. Pat Pacious, interview by Kaihan Krippendorff, March 8, 2016.

第 9 章

1. History.com Staff, "1926: New Sound Process for Films Announced," *History*, November 13, 2009, http://www.history.com/this-day-in-history/new-sound-process-for-films-announced.

2. Clifford A. Pickover, "Traveling Through Time: Part 2. The Future of Time Travel," *PBS*, November 2000, http://www.pbs.org/wgbh/nova/time/through2.html.

3. Josh Ong, "Apple Cofounder Offered First Computer Design to HP Five Times," *Apple Insider*, December 6, 2010, https://appleinsider.com/articles/10/12/06/apple_co_founder_offered_first_computer_design_to_hp_5_times.

4. Snopes Staff, "The Origins of Fedex," *Snopes*, May 28, 2009, https://www.snopes.com/fact-check/term-paper-goods/.

5. "Salon des Refusés," *Wikipedia*, May 3, 2018, https://en.wikipedia.org/wiki/Salon_des_Refus%C3%A9s.

6. Quoted in Mark Batterson, *ID: The True You* (Maitland, FL: Xulon, 2004), 56.

7. Canaan Mash, *Don't Give Up! You Are Stronger Than You Think* (Morrisville, NC: Lulu, 2015), 29.

8. Elaine M. Marconi, "Robert Goddard: A Man and His Rocket," NASA, September 3, 2004, https://www.nasa.gov/missions/research/f_goddard.html.

9. "E. E. Cummings Biography," *Encyclopedia of World Biography*, n.d., accessed July 31, 2018, http://www.notablebiographies.com/Co-Da/Cummings-E-E.html.

10. "The Greatest 'Bad Business Decision' Quotation That Never Was," *History of Phone Phreaking Blog*, January 8, 2011, http://blog.historyofphonephreaking.org/2011/01/the-greatest-bad-business-decision-quotation-that-never-was.html.

11. Jarrod Dicker, "Stupid Business Decisions: Decca Records Snubs the Beatles," Minyanville Media, April 23, 2010, http://www.minyanville.com/special-features/articles/worst-stupid-business-decisions-beatles-decca/4/23/2010/id/27014.

12. Sandra Larkin, "Ken Kutaragi 1950–," *Reference for Business*, n.d., accessed February 6, 2018, http://www.referenceforbusiness.com/biography/F-L/Kutaragi-Ken-1950.html.

13. ZDNet Staff, "Ken Kutaragi—Father of the Playstation," *ZDNet*, April 2, 2001, http://www.zdnet.com/article/ken-kutaragi-father-of-the-playstation/.

14. James Mielke, "The Original PlayStation Boss," *Polygon*, October 31, 2017, https://www.polygon.com/features/2017/10/31/16550652/the-original-playstation-boss-shigeo-maruyama.

15. IGN Staff, "History of the PlayStation," *IGN*, August 27, 1998, http://ca.ign.com/articles/1998/08/28/history-of-the-playstation.

16. Kenneth Li, "Meet the Man Behind Sony's PlayStation," *CNN*, September 1, 2000, http://www.cnn.com/2000/TECH/computing/09/01/meet.ken.kutaragi.idg/.

17. Donato Piccinno, "Ken Kutaragi, the Ultimate Paradigm-Shifting Project Manager," *LinkedIn*, June 7, 2015, https://www.linkedin.com/pulse/ken-kutaragi-ultimate-paradigm-shifting-project-manager-piccinno/.

18. Jeffrey G. Covin and Dennis P. Slevin, "A Conceptual Model of Entrepreneurship as Firm Behavior," *Entrepreneurship Theory and Practice* 16, no. 1 (1991): 7–26; G. T. Lumpkin and Gregory G. Dess, "Clarifying the Entrepreneurial Orientation Construct and Linking It to Performance," *Academy of Management Review* 21, no. 1 (1996): 135–172.

19. 我们的客户应用的最流行的文化创新评估工具之一是情景扫描问卷（Situational Outlook Questionnaire, SOQ）。"Situational Outlook Questionnaire (SOQ)," Creative Problem Solving Group, n.d., accessed July 31, 2018, http://www.cpsb.com/assessments/soq.

20. Interview with company executive by Kaihan Krippendorf, August 10, 2016.

21. Ellen R. Auster and Lisa Hillenbrand, *Stragility: Excelling at Strategic Changes* (Toronto: Univesity of Toronto Press, 2016).

22. Rita McGrath, "The End of Competitive Advantage," presentation, New York, March 22, 2017.

23. Jeff Bukhari, "Stock-Picking Fund Managers Are Even Worse Than We Thought at Beating the Market," *Fortune*, April 13, 2017, http://fortune.com/2017/04/13/stock-indexes-beat-mutual-funds/.

24. Robin Wigglesworth, "ETFs Are Eating the US Stock Market," *Financial Times*, n.d., accessed January 28, 2018, https://www.ft.com/content/6dabad28-e19c-11e6-9645-c9357a75844a.

25. Jim Wiandt, "Nate Most, Exchange-Traded Fund Inventor, Dies at Age 90," *ETF.com*, December 8, 2004, http://www.etf.com/sections/features/281.html?nopaging=1; Jack Willoughby, "Farewell, Mr. ETF," *Barron's*, January 3, 2005, https://www.barrons.com/articles/SB11044525 3365513525.

26. Wiandt, "Nate Most."

27. Jim Wiandt and Will McClatchy, eds., *Exchange Traded Funds: An Insider's Guide to Buying the Market* (Hoboken, NJ: Wiley, 2001).

28. Wiandt, "Nate Most"; Jennifer Bayot, "Nathan Most Is Dead at 90;

Investment Fund Innovator," *New York Times*, December 10, 2004, http://www.nytimes.com/2004/12/10/obituaries/nathan-most-is-dead-at-90-investment-fund-innovator.html.

29. Wiandt and McClatchy, *Exchange Traded Funds*.

30. State Street Global Advisors, "SPY: The Idea That Spawned an Industry," *Securities and Exchange Commission Archive*, January 25, 2013, https://www.sec.gov/Archives/edgar/data/1222333/000119312513023294/d473476dfwp.htm.

31. Michael Doumpos, Panos M. Pardalos, and Constantin Zopounidis, eds., *Handbook of Financial Engineering* (New York: Springer Science & Business Media, 2008).

32. David Berman, "The Canadian Investment Idea That Busted a Mutual-Fund Monopoly," *Globe and Mail*, February 19, 2017, updated April 14, 2017, https://www.theglobeandmail.com/news/national/canada-150/how-a-canadian-etf-that-toppled-the-mutual-fund-monoply/article34086222/; Doumpos, Pardalos, and Zopounidis, *Handbook of Financial Engineering*, 69.

33. Wiandt and McClatchy, *Exchange Traded Funds*.

34. Wiandt, "Nate Most."

35. State Street Global Advisors, "SPY."

36. State Street Global Advisors, "SPY."

37. Ben Eisen and Sarah Krouse, "The Dinner That Changed the Investing World," *Wall Street Journal*, January 22, 2018, https://www.wsj.com/articles/the-dinner-that-changed-the-investing-world-1516659948; State Street Global Advisors, "SPY."

38. State Street Global Advisors, "SPY."

39. Doumpos, Pardalos, and Zopounidis, *Handbook of Financial Engineering*, 70; Stephen D. Simpson, "A Brief History of Exchange-Traded Funds," *Investopedia*, January 22, 2018, updated October 11, 2018, https://www.investopedia.com/articles/exchangetradedfunds/12/brief-history-exchange-traded-funds.asp; Ari I. Weinberg, "Should You Fear the ETF?" *Wall Street Journal*, December 6, 2015, https://www.wsj.com/articles/should-you-fear-the-etf-1449457201.

40. Eisen and Krouse, "The Dinner That Changed the Investing World"; Simpson, "A Brief History of Exchange-Traded Funds."

41. Eisen and Krouse, "The Dinner That Changed the Investing World."

42. State Street Global Advisors, "SPY."

43. Wiandt, "Nate Most."

44. Gary Hamel, *What Matters Now: How to Win in a World of Relentless Change, Ferocious Competition, and Unstoppable Innovation* (San Francisco, CA: Jossey-Bass, 2012), 128.

第 10 章

1. Jake G. Messersmith and William J. Wales, "Entrepreneurial Orientation and Performance in Young Firms: The Role of Human Resource Management," *International Small Business Journal* 31, no. 2 (2011): 115–136; Jeffrey G. Covin, Kimberly M. Green, and Dennis P. Slevin, "Strategic Process Effects on the Entrepreneurial Orientation–Sales Growth Rate Relationship," *Entrepreneurship Theory and Practice* 30, no. 1 (2006): 57–81.

2. Nicholas F. Lawler, Robert S. McNish, and Jean-Hugues J. Monier, "Why the Biggest and Best Struggle to Grow," *McKinsey Insights*, January 2004, https://www.mckinsey.com/business-functions/strategy-and-corporate-finance/our-insights/why-the-biggest-and-best-struggle-to-grow.

3. Steve Blank, "Hacking Corporate Culture: How to Inject Innovation Into Your Company," *Venture Beat*, September 9, 2015, https://venturebeat.com/2015/09/09/hacking-corporate-culture-how-to-inject-innovation-into-your-company/.

4. CB Insights, "State of Innovation Report 2018: Survey of 677 Corporate Strategy Executives," April 24, 2018, https://www.slideshare.net/CBInsights/the-state-of-innovation-survey-of-677-corporate-strategy-executives.

5. Reena Jana, "Inside Facebook's Internal Innovation Culture," *Harvard Business Review*, March 7, 2013, https://hbr.org/2013/03/inside-facebooks-internal-inno.

6. Donald Sull, Rebecca Homkes, and Charles Sull, "Why Strategy Execution Unravels—and What to Do About It," *Harvard Business Review*, March 2015, https://hbr.org/2015/03/why-strategy-execution-unravelsand-what-to-do-about-it.

7. Taylor Soper, "Amazon's Secrets of Invention: Jeff Bezos Explains How to Build an Innovative Team," *Geek Wire*, May 17, 2016, https://www.geekwire.com/2016/amazons-secrets-invention-jeff-bezos-explains-build-innovative-team/.

8. "Our Culture of Innovation," Vertex, n.d., accessed July 31, 2018, https://www.vrtx.com/we-are-vertex/innovation-programs.

9. David Bem, PPG's CTO and VP for Science and Technology, interview by Kaihan Krippendorff, May 22, 2017.

10. Stuart Lauchlan, "Digital Life at Starbucks After Schultz—New CEO Commits to Tech Innovation," *Diginomica*, March 23, 2017, https://diginomica.com/2017/03/23/digital-life-starbucks-schultz-new-ceo-commits-tech-innovation.

11. Michael Mankins, "Reduce Organizational Drag," *Harvard Business Review*, March 2, 2017, https://hbr.org/ideacast/2017/03/globalization-myth-and-reality-2.html.

12. Anita Woolley and Thomas W. Malone, "Defend Your Research," *Harvard Business Review*, June 1, 2011. https://hbr.org/2011/06/defend-your-research-what-makes-a-team-smarter-more-women.

13. See "Discover Kickbox," Adobe, n.d., accessed July 31, 2018, https://kickbox.adobe.com/what-is-kickbox.

14. "Apple's Product Development Process—Inside the World's Greatest Design Organization," Interaction Design Foundation, July 20, 2018, https://www.interaction-design.org/literature/article/apple-s-product-development-process-inside-the-world-s-greatest-design-organization.

15. Lulu Yilun Chen, "How Tencent, China's Most-Valuable Company, Pushes Employees for Growth," *Australian Financial Review*, September 19, 2016, https://www.afr.com/technology/social-media/how-tencent-chinas-mostvaluable-company-pushes-employees-for-growth-20160918-grj6r6.

16. "How Tencent Pushes Employees."

17. Jodi Kantor and David Streitfeld, "Inside Amazon: Wrestling Big Ideas in a Bruising Workplace," *New York Times*, August 15, 2015, https://www.nytimes.com/2015/08/16/technology/inside-amazon-wrestling-big-ideas-in-a-bruising-workplace.html.

18. Art Kleiner, "China's Philosopher-CEO Zhang Ruimin," *Strategy+Business*, November 10, 2014, https://www.strategy-business.com/article/00296?gko=8155b.

19. Xuan Tian and Tracy Yue Wang, "Tolerance for Failure and Corporate Innovation," *Review of Financial Studies* 27, no. 1 (2014): 211–255.

20. Soper, "Amazon's Secrets of Invention."

21. "Astro Teller," *Wikipedia*, June 20, 2018, https://en.wikipedia.org/wiki/Astro_Teller.

22. Timothy B. Lee, "How Amazon Innovates in Ways That Google and Apple Can't," *Vox*, December 28, 2016, https://www.vox.com/new-money/2016/12/28/13889840/amazon-innovation-google-apple.

23. Workday Staff Writers, "Illumina's Head of HR Information Systems on the Speed of Innovation," *Workday*, January 31, 2017, https://blogs.workday.com/workday-community-voices-illumina/.

24. "Steve Jobs: In His Own Words," *Telegraph*, October 6, 2011, https://www.telegraph.co.uk/technology/steve-jobs/8811892/Steve-Jobs-in-his-own-words.html.

25. Robert Sinclair, president of Li & Fung, interview by Kaihan Krippendorf, November 30, 2017.

26. John Hagel and John Seely Brown, "Institutional Innovation: Part of a Deloitte Series on Innovation," *Deloitte Insights*, March 12, 2013, https://www2.deloitte.com/insights/us/en/topics/innovation/institutional-innovation.html.

27. Joanna Barsh, "A Conversation with Gary Hamel and Lowell Bryan," *McKinsey Quarterly* 1, no. 1 (2008): 24–35.

附录 A

1. "2017 Kauffman Index of Startup Activity," Ewing Marion Kauffman Foundation, 2017, https://www.kauffman.org/kauffman-index/reporting/startup-activity/~/media/c9831094536646528ab012dcbd1f83be.ashx.

附录 C

1. See John Doerr, *Measure What Matters: How Google, Bono, and the Gates Foundation Rock the World with OKRs* (New York: Portfolio, 2018).

2. John Kotter, *Accelerate: Building Strategic Agility for a Faster-Moving World* (Boston: Harvard Business Review Press, 2014).

3. Chris McChesney, Sean Covey, and Jim Huling, *The Four Disciplines of Execution: Achieving Your Wildly Important Goals* (New York: Free Press, 2016).

4. See Adam Berke, "What the Heck Is a Growth Team?" *Venture Beat*, November 19, 2016, https://venturebeat.com/2016/11/19/what-the-heck-is-a-growth-team/; Casey Winters, "What Are Growth Teams For, and What Do They Work On?" *Greylock Perspectives*, November 27, 2017, https://news.greylock.com/what-are-growth-teams-for-and-what-do-they-work-on-a339d0c0dee3.

5. Jeff Sutherland and J. J. Sutherland, *Scrum: The Art of Doing Twice the Work in Half the Time* (New York: Crown Business, 2014).

参 考 文 献

"2017 Kauffman Index of Startup Activity," Ewing Marion Kauffman Foundation, 2017, https://www.kauffman.org/kauffman-index/reporting/startup-activity/~/media/c9831094536646528ab012dcbd1f83be.ashx.

Ács, Zoltán J., ed. *Global Entrepreneurship, Institutions and Incentives: The Mason Years.* Cheltenham, UK: Edward Elgar, 2015.

Alter, Alexandra. "Publishers Turn to the Crowd to Find the Next Best Seller." *New York Times*, August 11, 2014. https://www.nytimes.com/2014/08/12/business/media/publishers-turn-to-the-crowd-to-find-the-next-best-seller.html.

"Apple's Product Development Process—Inside the World's Greatest Design Organization." Interaction Design Foundation, July 20, 2018. https://www.interaction-design.org/literature/article/apple-s-product-development-process-inside-the-world-s-greatest-design-organization.

Arthurs, Deborah. "Now We Know Who to Blame! Flat-Pack Revolution Sparked When an IKEA Designer Sawed the Legs Off a Table to Fit in His Car." *Daily Mail*, July 19, 2013. http://www.dailymail.co.uk/femail/article-2370113/Ikea-designer-Gillis-Lundgren-sparked-flat-pack-revolution-sawing-table-legs-fit-car.html.

"Astro Teller." *Wikipedia*, June 20, 2018. https://en.wikipedia.org/wiki/Astro_Teller.

Auster, Ellen R., and Lisa Hillenbrand. *Stragility: Excelling at Strategic Changes.* Toronto: University of Toronto Press, 2016.

Baghai, Mehrdad, Steve Coley, David White, and Stephen Coley. *The Alchemy of Growth: Practical Insights for Building the Enduring Enterprise.* Reading, MA: Perseus, 1999.

Balfour, Brian. "Why Focus Wins." Brian Balfour, April 23, 2014. https://brianbalfour.com/essays/why-focus-wins.

Bandura, Albert. *Social Foundations of Thought and Action: A Social Cognitive Theory*. Englewood Cliffs, NJ: Prentice-Hall, 1986.

Barsh, Joanna. "A Conversation with Gary Hamel and Lowell Bryan." *McKinsey Quarterly* 1, no. 1 (2008): 24–35.

Barua, Ananya. "Top 10 Largest Hotel Chains in the World." *List Surge*, September 14, 2015. https://listsurge.com/top-10-largest-hotel-chains-in-the-world/.

Batterson, Mark. *ID: The True You*. Maitland, FL: Xulon, 2004.

Bayot, Jennifer. "Nathan Most Is Dead at 90; Investment Fund Innovator." *New York Times*, December 10, 2004. http://www.nytimes.com/2004/12/10/obituaries/nathan-most-is-dead-at-90-investment-fund-innovator.html.

Bem, David. Interview by Kaihan Krippendorff, May 22, 2017.

Benioff, Marc. "How to Create Alignment Within Your Company in Order to Succeed." *Salesforce* (blog), April 09, 2013. https://www.salesforce.com/blog/2013/04/how-to-create-alignment-within-your-company.html.

Berke, Adam. "What the Heck Is a Growth Team?" *Venture Beat*, November 19, 2016. https://venturebeat.com/2016/11/19/what-the-heck-is-a-growth-team/.

Berman, David. "The Canadian Investment Idea That Busted a Mutual-Fund Monopoly." *Globe and Mail*, February 19, 2017, updated April 14, 2017. https://www.theglobeandmail.com/news/national/canada-150/how-a-canadian-etf-that-toppled-the-mutual-fund-monoply/article34086222/.

Beugelsdijk, Sjoerd, and Niels Noorderhaven. "Personality Characteristics of Self-Employed: An Empirical Study." *Small Business Economics* 24, no. 2 (2005): 159–167.

Blank, Steve. *The Four Steps to the Epiphany: Successful Strategies for Products That Win*. California: S.G. Blank, 2007.

———. "Hacking Corporate Culture: How to Inject Innovation Into Your Company." *Venture Beat*, September 9, 2015. https://venturebeat.com/2015/09/09/hacking-corporate-culture-how-to-inject-innovation-into-your-company/.

———. "Why Founders Should Know How to Code." September 3, 2014. http://steveblank.com/2014/09/03/should-founders-know-how-to-code/.

Borch, Odd Jarl, Alain Fayolle, and Elisabet Ljunggren. *Entrepreneurship Research in Europe: Evolving Concepts and Processes*. Cheltenham, UK: Edward Elgar, 2011.

Bukhari, Jeff. "Stock-Picking Fund Managers Are Even Worse Than We Thought at Beating the Market." *Fortune*, April 13, 2017. http://fortune.com/2017/04/13/stock-indexes-beat-mutual-funds/.

Bumpas, Janet. "Innovation Track Record Study," Strategyn, 2010.

Burgelman, Robert A. "Intraorganizational Ecology of Strategy Making and Organizational Adaptation: Theory and Field Research." *Organization Science* 2, no. 3 (1991): 239–262. doi.org/10.1287/orsc.2.3.239.

Cardon, Melissa S., and Christopher E. Stevens. "The Discriminant Validity of Entrepreneurial Passion." *Academy of Management Proceedings* 2009, no. 1 (2009): 1–6.

Cardon, Melissa, Richard Sudek, and Cheryl Mitteness. "The Impact of Perceived Entrepreneurial Passion on Angel Investing." In *Frontiers of Entrepreneurship Research 2009*, ed. Andrew L. Zacharakis, 1–15. Wellesley, MA: Babson College, 2009.

CB Insights. "State of Innovation Report 2018: Survey of 677 Corporate Strategy Executives." April 24, 2018. https://www.slideshare.net/CBInsights/the-state-of-innovation-survey-of-677-corporate-strategy-executives.

Chen, Lulu Yilun. "How Tencent, China's Most-Valuable Company, Pushes Employees for Growth." *Australian Financial Review*, September 19, 2016. https://www.afr.com/technology/social-media/how-tencent-chinas-mostvaluable-company-pushes-employees-for-growth-20160918-grj6r6.

"Cinnabon's Kat Cole: Savoring the Sweet Taste of Success." Knowledge@ Wharton, February 6, 2015. http://knowledge.wharton.upenn.edu/article/141022_kw_radio_cole-mp3/.

Cohan, Peter. "How P&G Brought Febreze Back to Life." *Telegram*, February 26, 2012. http://www.telegram.com/article/20120226/COLUMN70/102269984.

"Company Overview." Alibaba Group, n.d. Accessed July 31, 2018. https://www.alibabagroup.com/en/about/overview.

Covin, Jeffrey G., Kimberly M. Green, and Dennis P. Slevin. "Strategic Process Effects on the Entrepreneurial Orientation–Sales Growth Rate Relationship." *Entrepreneurship Theory and Practice* 30, no. 1 (2006): 57–81.

Covin, Jeffrey G., and Dennis P. Slevin. "A Conceptual Model of Entrepreneurship as Firm Behavior." *Entrepreneurship Theory and Practice* 16, no. 1 (1991): 7–26.

Darling, Hoby. Interview by Kaihan Krippendorff, May 2015.

Day, George. *Innovation Prowess: Leadership Strategies for Accelerating Growth*. Philadelphia: Wharton Digital, 2013.

——. Interview by Kaihan Krippendorff, May 31, 2018.

——. "Research on Growth Leaders." Unpublished paper, 2016.

Dicker, Jarrod. "Stupid Business Decisions: Decca Records Snubs the Beatles." Minyanville Media, April 23, 2010. http://www.minyanville.com/special-features/articles/worst-stupid-business-decisions-beatles-decca/4/23/2010/id/27014.

"Discover Kickbox." Adobe, n.d. Accessed July 31, 2018. https://kickbox.adobe.com/what-is-kickbox.

Doerr, John. *Measure What Matters: How Google, Bono, and the Gates Foundation Rock the World with OKRs*. New York: Portfolio, 2018.

Douglas, Susan, and Bernard Dubois. "Looking at the Cultural Environment for International Marketing Opportunities." *Columbia Journal of World Business* 12, no. 4 (1977): 102–118.

Doumpos, Michael, Panos M. Pardalos, and Constantin Zopounidis, eds. *Handbook of Financial Engineering*. New York: Springer Science & Business Media, 2008.

Drucker, Peter F. *Classic Drucker: Wisdom from Peter Drucker from the Pages of Harvard Business Review*. Boston: Harvard Business Review Book, 2006.

——. *Innovation and Entrepreneurship*. New York: Harper Business, 2006.

"E. E. Cummings Biography." *Encyclopedia of World Biography*, n.d. Accessed July 31, 2018. http://www.notablebiographies.com/Co-Da/Cummings-E-E.html.

Eisen, Ben, and Sarah Krouse. "The Dinner That Changed the Investing World." *Wall Street Journal*, January 22, 2018. https://www.wsj.com/articles/the-dinner-that-changed-the-investing-world-1516659948.

Farfan, Barbara. "Disney's Unique Company Mission Statement." *Balance Small Business*, November 12, 2017. https://www.thebalancesmb.com/disney-mission-statement-2891828.

Feiner, Michael. *The Feiner Points of Leadership: The 50 Basic Laws That Will Make People Want to Perform Better for You*. New York: Business Plus, 2005.

Feiwel, Jean. Interview by Kaihan Krippendorff, June 18, 2018.

Fowler, Geoffrey A. "The Man Who Got Us to 'Like' Everything." *Wall Street Journal*, August 13, 2011. https://www.wsj.com/articles/SB10001424053111904007304576499220914732798.

Freeberg, Davis. "A Virtual Happy Meal: McDonald's Redbox a Smashing Success." *Seeking Alpha*, December 1, 2006. https://seekingalpha.com/article/21558-a-virtual-happy-meal-mcdonalds-redbox-a-smashing-success.

Govindarajan, Vijay. *The Three Box Solution: A Strategy for Leading Innovation*. Boston, MA: Harvard Business Review Press, 2016.

"The Greatest 'Bad Business Decision' Quotation That Never Was." *History of Phone Phreaking Blog*, January 8, 2011. http://blog.historyofphonephreaking.org/2011/01/the-greatest-bad-business-decision-quotation-that-never-was.html.

"Greg Hale." AALARA Conference and Trade Show 2017. shttps://aalara.com.au/wp-content/uploads/2017/04/Greg-Hale.pdf.

Hagel, John, and John Seely Brown. "Institutional Innovation: Part of a Deloitte Series on Innovation." *Deloitte Insights*, March 12, 2013. https://www2.deloitte.com/insights/us/en/topics/innovation/institutional-innovation.html.

Hamel, Gary. *What Matters Now: How to Win in a World of Relentless Change, Ferocious Competition, and Unstoppable Innovation. San Francisco*, CA: Jossey-Bass, 2012.

Hastings, Donald F., and Leslie Anne Hastings. *Behind the Mask: Embrace Risk and Dare to Be Better*. Bloomington, IN: Xlibris, 2014.

——. Interview by Kaihan Krippendorff, June 14, 2016.

Herold, Tracy Stapp. "Top Fastest-Growing Franchises for 2015." *Entrepreneur*, February 6, 2015. https://www.entrepreneur.com/article/241670.

History.com Staff. "1926: New Sound Process for Films Announced." *History*, November 13, 2009. http://www.history.com/this-day-in-history/new-sound-process-for-films-announced.

Hofstede, Geert. "The Cultural Relativity of Organizational Practices and Theories." *International Business Studies* 14, no. 3 (1983): 75–89.

House, Chuck. Interview by Kaihan Krippendorff, December 14, 2014.

IGN Staff. "History of the PlayStation." *IGN*, August 27, 1998. http://ca.ign.com/articles/1998/08/28/history-of-the-playstation.

Ismail, Salim. *Exponential Organizations: Why New Organizations Are Ten Times Better, Faster, and Cheaper Than Yours (and What to Do About It)*. New York: Diversion Books, 2014.

Jana, Reena. "Inside Facebook's Internal Innovation Culture." *Harvard Business Review*, March 7, 2013. https://hbr.org/2013/03/inside-facebooks-internal-inno.

Jones, Geoffrey. *Profits and Sustainability: A History of Green Entrepreneurship*. Oxford: Oxford University Press, 2017.

Kantor, Jodi, and David Streitfeld. "Inside Amazon: Wrestling Big Ideas in a Bruising Workplace." *New York Times*, August 15, 2015. https://www.nytimes.com/2015/08/16/technology/inside-amazon-wrestling-big-ideas-in-a-bruising-workplace.html.

Kelly, Lois, and Carmen Medina. *Rebels at Work: A Handbook for Leading Change from Within*. Sebastopol, CA: O'Reilly Media, 2014.

Kennedy, Liam. "Top 400 Asset Managers 2018: 10 Years of Asset Growth." *IPE*, June 2018. https://www.ipe.com/reports/special-reports/top-400-asset-managers/top-400-asset-managers-2018-10-years-of-asset-growth/10025004.article.

Kirzner, Israel. *Competition and Entrepreneurship*. Chicago: University of Chicago Press, 1973.

Kleiner, Art. "China's Philosopher-CEO Zhang Ruimin." *Strategy+Business*, November 10, 2014. https://www.strategy-business.com/article/00296?gko=8155b.

Kooij-de Bode, Hanneke J. M., Daan L. Van Knippenberg, and Wendy P. Van Ginkel. "Good Effects of Bad Feelings: Negative Affectivity and Group Decision-Making." *British Journal of Management* 21, no. 2 (2010): 375–392.

Kotter, John P. "Accelerate!" *Harvard Business Review*, November 1, 2012. https://hbr.org/2012/11/accelerate.

——. *Accelerate: Building Strategic Agility for a Faster-Moving World*. Boston: Harvard Business Review Press, 2014.

Krippendorff, Kaihan. *Hide a Dagger Behind a Smile: Use the 36 Ancient Chinese Strategies to Seize the Competitive Edge*. Grand Prairie, TX: Platinum, 2008.

Krueger, Norris F., and Alan L. Carsrud. "Entrepreneurial Intentions: Applying the Theory of Planned Behaviour." *Entrepreneurship & Regional Development* 5, no. 4 (1993): 315–330. doi: 10.1080/08985629300000020.

Kuhn, Thomas S. *The Structure of Scientific Revolutions*. 3rd ed. Chicago: University of Chicago Press, 1996.

Kuratko, Donald F., and Michael G. Goldsby. "Corporate Entrepreneurs or Rogue Middle Managers? A Framework for Ethical Corporate Entrepreneurship." *Journal of Business Ethics* 55, no. 1 (2004): 13–30. doi: 10.1007/s10551-004-1775-3.

Kurzweil, Ray. *The Singularity Is Near: When Humans Transcend Biology*. New York: Viking, 2005.

Langer, Emily. "Gillis Lundgren, Designer of Ikea's Ubiquitous Billy Bookcase, Dies at 86." *Washington Post*, March 10, 2016. https://www.washingtonpost.com/world/europe/gillis-lundgren-designer-of-ikeas-ubiquitous-billy-bookcase-dies-at-86/2016/03/10/a1ec674a-e60b-11e5-a6f3-21ccdbc5f74e_story.html?utm_term=.25184e5dd56b.

Larkin, Sandra. "Ken Kutaragi 1950–." *Reference for Business*, n.d. Accessed February 6, 2018. http://www.referenceforbusiness.com/biography/F-L/Kutaragi-Ken-1950.html.

Lauchlan, Stuart. "Digital Life at Starbucks After Schultz—New CEO Commits to Tech Innovation." *Diginomica*, March 23, 2017. https://diginomica.com/2017/03/23/digital-life-starbucks-schultz-new-ceo-commits-tech-innovation.

Lawler, Nicholas F., Robert S. McNish, and Jean-Hugues J. Monier. "Why the Biggest and Best Struggle to Grow." *McKinsey Insights*, January 2004. https://www.mckinsey.com/business-functions/strategy-and-corporate-finance/our-insights/why-the-biggest-and-best-struggle-to-grow.

LeBeau, Phil. "Record Number of Americans Leasing Autos." *CNBC*, June 1, 2015. https://www.cnbc.com/2015/06/01/record-highs-of-americans-leasing-vehicles.html.

Lee, Timothy B. "How Amazon Innovates in Ways That Google and Apple Can't." *Vox*, December 28, 2016. https://www.vox.com/new-money/2016/12/28/13889840/amazon-innovation-google-apple.

Leonard, Andrew. "Reid Hoffman: To Successfully Grow a Business, You Must 'Expect Chaos.'" *Entrepreneur*, April 24, 2017. https://www.entrepreneur.com/article/292749.

Li, Kenneth. "Meet the Man Behind Sony's PlayStation." *CNN*, September 1, 2000. http://www.cnn.com/2000/TECH/computing/09/01/meet.ken. kutaragi.idg/.

Lodge, Sally. "Macmillan Expands Scope of Swoon Reads." *Publishers Weekly*, November 22, 2016. https://www.publishersweekly.com/pw/by-topic/ childrens/childrens-industry-news/article/72101-macmillan-expands-scope-of-swoon-reads.html.

Logan, Prescott. Interview by Kaihan Krippendorff, December 10, 2014.

——. Interview by Kaihan Krippendorff, June 12, 2015.

Lumpkin, G. T., and Gregory G. Dess. "Clarifying the Entrepreneurial Orientation Construct and Linking It to Performance." *Academy of Management Review* 21, no. 1 (1996): 135–172.

Mankins, Michael. "Reduce Organizational Drag." *Harvard Business Review*, March 2, 2017. https://hbr.org/ideacast/2017/03/globalization-myth-and-reality-2.html.

Marconi, Elaine M. "Robert Goddard: A Man and His Rocket." *NASA*, September 3, 2004. https://www.nasa.gov/missions/research/f_goddard. html.

Mash, Canaan. *Don't Give Up! You Are Stronger Than You Think*. Morrisville, NC: Lulu, 2015.

McChesney, Chris, Sean Covey, and Jim Huling. *The Four Disciplines of Execution: Achieving Your Wildly Important Goals*. New York: Free Press, 2016.

McGrath, Rita. "The End of Competitive Advantage." Presentation, New York, March 22, 2017.

Medina, Carmen. Interview by Kaihan Krippendorff, February 28, 2015.

Messersmith, Jake G., and William J. Wales. "Entrepreneurial Orientation and Performance in Young Firms: The Role of Human Resource Management." *International Small Business Journal* 31, no. 2 (2011): 115–136.

Mielke, James. "The Original PlayStation Boss." *Polygon*, October 31, 2017. https://www.polygon.com/features/2017/10/31/16550652/the-original-playstation-boss-shigeo-maruyama.

Mortimer, Amanda. *This Is It! It's Your Life, Live It*. Self-published, 2013.

Neff, Shaun. Interview by Kaihan Krippendorff, January 6, 2014.

O'Keefe, Timothy. "Because We LUV You!" Southwest Airlines, December, 4, 2011. https://www.southwestaircommunity.com/t5/Southwest-Stories/ quot-Because-we-LUV-you-quot/ba-p/36586.

Ong, Josh. "Apple Cofounder Offered First Computer Design to HP Five Times." *Apple Insider*, December 6, 2010. https://appleinsider.com/ articles/10/12/06/apple_co_founder_offered_first_computer_design_ to_hp_5_times.

O'Reilly, Charles A., David Nadler, and Michael Tushman. "Designing and Aligning Organizations: The Congruence Model." Working paper, Harvard Business School, 2016.

"Our Company," Google, n.d. Accessed July 31, 2018. https://www.google.com/about/our-company/.

"Our Culture of Innovation." Vertex, n.d. Accessed July 31, 2018. https://www.vrtx.com/we-are-vertex/innovation-programs.

Pacious, Pat. Interview by Kaihan Krippendorff, March 8, 2016.

"Patents by Inventor Gregory Hale." JUSTIA Patents, April 5, 2018. https://patents.justia.com/inventor/gregory-hale.

Perlin, John. "Photovoltaics." California Solar Center. n.d. Accessed July 31, 2018. http://californiasolarcenter.org/history-pv/.

Piccinno, Donato. "Ken Kutaragi, the Ultimate Paradigm-Shifting Project Manager." *LinkedIn*, June 7, 2015. https://www.linkedin.com/pulse/ken-kutaragi-ultimate-paradigm-shifting-project-manager-piccinno/.

Pickover, Clifford A. "Traveling Through Time: Part 2. The Future of Time Travel." *PBS*, November 2000. http://www.pbs.org/wgbh/nova/time/through2.html.

Pilsbury, Lee. Interview by Kaihan Krippendorff, July 23, 2015.

Pinchot, Gifford, III. "Who Is the Intrapreneur?" In *Intrapreneuring: Why You Don't Have to Leave the Corporation to Become an Entrepreneur*, 28–48. New York: Harper & Row, 1984.

Porter, Michael E., and Victor E. Millar. "How Information Gives You Competitive Advantage." *Harvard Business Review* 63, no. 4 (1985): 149–160.

Pressfield, Steven. *The War of Art: Break Through the Blocks and Win Your Inner Creative Battles*. New York: Black Irish Entertainment, 2002.

Price, Raymond L., Abbie Griffin, Bruce A. Vojak, Nathan Hoffmann, and Holli Burgon. "Innovation Politics: How Serial Innovators Gain Organisational Acceptance for Breakthrough New Products." *International Journal of Technology Marketing* 4, no. 2/3 (2009): 165–184.

"A Purpose Beyond Profits." Johnson & Johnson, October 08, 2009. https://www.jnj.com/health-and-wellness/a-purpose-beyond-profits.

Pyne, George. Interview by Kaihan Krippendorff, April 25, 2014.

"Redbox." *Wikipedia*. Accessed July 31, 2018. https://en.wikipedia.org/wiki/Redbox.

Reeves, Marin, Simon Levin, and Daichi Ueda. "The Biology of Corporate Survival." *Harvard Business Review*, February 2016. https://hbr.org/2016/01/the-biology-of-corporate-survival.

Ries, Eric. *The Startup Way: How Modern Companies Use Entrepreneurial Management to Transform Culture and Drive Long-Term Growth*. New York: Crown, 2017.

Ripp, Brendan. Interview by Kaihan Krippendorff, April 4, 2016.

"Salon des Refusés." *Wikipedia*, May 3, 2018. https://en.wikipedia.org/wiki/Salon_des_Refus%C3%A9s.

Schoolfield, Jeremy. "Keeping a Watchful Eye Over the Fun." IAAPA press release, November 2016. http://www.iaapa.org/news/newsroom/news-articles/keeping-a-watchful-eye-over-the-fun---november-2016.

Schrage, Michael. *The Innovator's Hypothesis: How Cheap Experiments Are Worth More Than Good Ideas.* Cambridge, MA: MIT Press, 2014.

Scott, Kendra. Interview by Kaihan Krippendorff, May 30, 2018.

Simpson, Stephen D. "A Brief History of Exchange-Traded Funds." *Investopedia*, January 22, 2018, updated October 11, 2018. https://www.investopedia.com/articles/exchangetradedfunds/12/brief-history-exchange-traded-funds.asp.

Sims, Peter. *Little Bets: How Breakthrough Ideas Emerge from Small Discoveries.* New York: Free Press, 2011.

Sinclair, Robert. Interview by Kaihan Krippendorff, November 30, 2017.

"Situational Outlook Questionnaire (SOQ)." Creative Problem Solving Group, n.d. Accessed July 31, 2018. http://www.cpsb.com/assessments/soq.

Snopes Staff. "The Origins of Fedex." *Snopes*, May 28, 2009. https://www.snopes.com/fact-check/term-paper-goods/.

Soper, Taylor. "Amazon's Secrets of Invention: Jeff Bezos Explains How to Build an Innovative Team." *Geek Wire*, May 17, 2016. https://www.geekwire.com/2016/amazons-secrets-invention-jeff-bezos-explains-build-innovative-team/.

Srivastava, Nidhi, and Anand Agrawal. "Factors Supporting Corporate Entrepreneurship: An Explorative Study." *Vision: The Journal of Business Perspective* 14, no. 3 (2010): 163–171.

"State of the Global Workplace," Gallup, 2017, https://www.gallup.com/workplace/238079/state-global-workplace-2017.aspx.

State Street Global Advisors. "SPY: The Idea That Spawned an Industry." *Securities and Exchange Commission Archive*, January 25, 2013. https://www.sec.gov/Archives/edgar/data/1222333/000119312513023294/d473476dfwp.htm.

"Steve Jobs: In His Own Words." *Telegraph*, October 6, 2011. https://www.telegraph.co.uk/technology/steve-jobs/8811892/Steve-Jobs-in-his-own-words.html.

Strickland, Ashley. "Swoon Lets YA Readers Choose Which Books Get Published." *CNN*, October 16, 2014. https://edition.cnn.com/2014/10/15/living/crowdsourced-young-adult-swoon/index.html.

Sull, Donald, Rebecca Homkes, and Charles Sull. "Why Strategy Execution Unravels—and What to Do About It." *Harvard Business Review*, March 2015. https://hbr.org/2015/03/why-strategy-execution-unravelsand-what-to-do-about-it.

Sutherland, Jeff, and J. J. Sutherland. *Scrum: The Art of Doing Twice the Work in Half the Time*. New York: Crown Business, 2014.

Systrom, Kevin. "Statement from Kevin Systrom, Instagram Co-Founder and CEO." *Instagram Press*, September 24, 2018. https://instagram-press.com/blog/2018/09/24/statement-from-kevin-systrom-instagram-co-founder-and-ceo/.

Szramiak, John. "This Story About Warren Buffett and His Long-Time Pilot Is an Important Lesson About What Separates Extraordinarily Successful People from Everyone Else." *Business Insider*, December 4, 2017. https://www.businessinsider.com/warren-buffetts-not-to-do-list-2016-10.

Takahashi, Dean. "The Making of the Xbox: How Microsoft Unleashed a Video Game Revolution (Part 1)." *Venture Beat*, November 14, 2011. https://venturebeat.com/2011/11/14/making-of-the-xbox-1/2/.

Tian, Xuan, and Tracy Yue Wang. "Tolerance for Failure and Corporate Innovation." *Review of Financial Studies* 27, no. 1 (2014): 211–255.

Toor, Amar. "Meet Harry Beck, the Genius Behind's London's Iconic Subway Map." *Verge*, March 29, 2013. https://www.theverge.com/2013/3/29/4160028/harry-beck-designer-of-iconic-london-underground-map.

Treacy, Michael, and Fred Wiersema. *The Discipline of Market Leaders: Choose Your Customers, Narrow Your Focus, Dominate Your Market*. Reading, MA: Addison-Wesley, 1995.

Tse, David K., John K. Wong, and Chin Tiong Tan. "Towards Some Standardized Cross-Cultural Consumption Values." *Advances in Consumer Research* 15, no. 1 (1988): 387–395.

Vijay Govindarajan. *The Three Box Solution: A Strategy for Leading Innovation*. Boston, MA: Harvard Business Review Press, 2016.

"Vijay Govindarajan Quotes." Primo Quotes, n.d. Accessed July 31, 2018. https://www.primoquotes.com/author/Vijay+Govindarajan.

"We Pioneer." Amazon, n.d. Accessed July 31, 2018. https://www.amazon.jobs/en/working/working-amazon.

Wedell-Wedellsborg, Thomas, and Paddy Miller. "The Case for Stealth Innovation." *Harvard Business Review*, March 2013. https://hbr.org/2013/03/the-case-for-stealth-innovation.

——. "Get More Actionable Ideas from Your Employees." *Harvard Business Review*, November 25, 2014. https://hbr.org/2014/11/get-more-actionable-ideas-from-your-employees.

Weinberg, Ari I. "Should You Fear the ETF?" *Wall Street Journal*, December 6, 2015. https://www.wsj.com/articles/should-you-fear-the-etf-1449457201.

Wiandt, Jim. "Nate Most, Exchange-Traded Fund Inventor, Dies at Age 90." *ETF.com*, December 8, 2004. http://www.etf.com/sections/features/281.html?nopaging=1.

Wiandt, Jim, and Will McClatchy, eds. *Exchange Traded Funds: An Insider's Guide to Buying the Market*. Hoboken, NJ: Wiley, 2001.

Wigglesworth, Robin. "ETFs Are Eating the US Stock Market." *Financial Times*, n.d. Accessed January 28, 2018. https://www.ft.com/content/6dabad28-e19c-11e6-9645-c9357a75844a.

Willoughby, Jack. "Farewell, Mr. ETF." *Barron's*, January 3, 2005. https://www.barrons.com/articles/SB110445253365513525.

Winters, Casey. "What Are Growth Teams For, and What Do They Work On?" *Greylock Perspectives*, November 27, 2017. https://news.greylock.com/what-are-growth-teams-for-and-what-do-they-work-on-a339d0c0dee3.

Wiseman, Richard. "The Luck Factor." *Skeptical Inquirer: The Magazine for Science and Reason* 27, no. 3 (2003): 26–30.

"Wm. Wrigley Jr. Company 2007 Annual Report." https://www.sec.gov/Archives/edgar/data/108601/000119312508025818/dex13.htm.

Woolley, Anita, and Thomas W. Malone. "Defend Your Research." *Harvard Business Review*, June 1, 2011. https://hbr.org/2011/06/defend-your-research-what-makes-a-team-smarter-more-women.

Workday Staff Writers. "Illumina's Head of HR Information Systems on the Speed of Innovation." *Workday*, January 31, 2017. https://blogs.workday.com/workday-community-voices-illumina/.

"A World Transformed: What Are the Top 30 Innovations of the Last 30 Years?" Knowledge@Wharton. February 18, 2009. http://knowledge.wharton.upenn.edu/article/a-world-transformed-what-are-the-top-30-innovations-of-the-last-30-years/.

"The Xbox, the Duke, Jurassic Park: The Fascinating Career of Seamus Blackley." *IGN Unfiltered* 31. YouTube, May 15, 2018. https://www.youtube.com/watch?v=Xi7T80JJLsY.

Yarow, Jay. "This Is an Awesome and Inspiring Quote from Jeff Bezos on What It Takes to Make Invention Happen." *Business Insider*, August 14, 2013. https://www.businessinsider.com/jeff-bezos-on-how-innovation-happens-2013-8.

ZDNet Staff, "Ken Kutaragi—Father of the Playstation." *ZDNet*, April 2, 2001. http://www.zdnet.com/article/ken-kutaragi-father-of-the-playstation/.

欧洲管理经典 全套精装

欧洲最有影响的管理大师
（奥）弗雷德蒙德·马利克 著

超越极限

如何通过正确的管理方式和良好的自我管理超越
个人极限，敢于去尝试一些看似不可能完成的事。

转变：应对复杂新世界的思维方式

在这个巨变的时代，不学会转变，错将是你的常态，
这个世界将会残酷惩罚不转变的人。

管理成就生活（原书第2版）

写给那些希望做好管理的人、希望过上高品质的生活
的人。不管处在什么职位，人人都要讲管理，
出效率，过好生活。

管理：技艺之精髓

帮助管理者和普通员工更加专业、更有成效地完成
其职业生涯中各种极具挑战性的任务。

战略：应对复杂新世界的导航仪

制定和实施战略的系统工具，
有效帮助组织明确发展方向。

公司策略与公司治理：如何进行自我管理

公司治理的工具箱，
帮助企业创建自我管理的良好生态系统。

正确的公司治理:发挥公司监事会的效率应对复杂情况

基于30年的实践与研究，指导企业避免短期行为，
打造后劲十足的健康企业。

彼得·德鲁克全集